大学生创新创业教育培养体系构建研究

张端艳 著

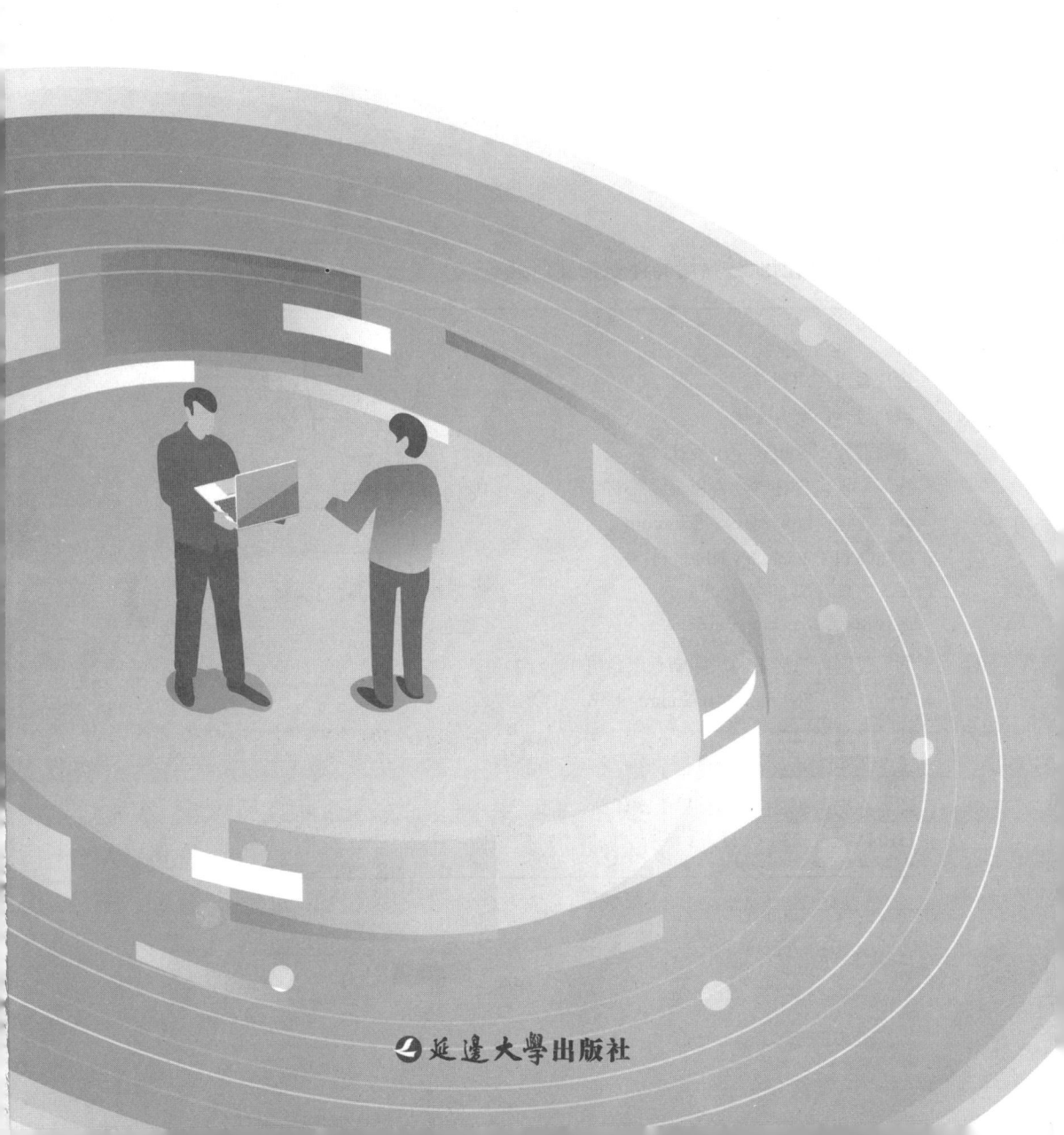

延边大学出版社

图书在版编目（CIP）数据

大学生创新创业教育培养体系构建研究 / 张端艳著
. -- 延吉：延边大学出版社，2023.6
ISBN 978-7-230-05113-2

Ⅰ.①大… Ⅱ.①张… Ⅲ.①大学生－创业－研究
Ⅳ.①G647.38

中国国家版本馆 CIP 数据核字(2023)第 110516 号

大学生创新创业教育培养体系构建研究

著　　者：张端艳
责任编辑：胡巍洋
封面设计：文合文化
出版发行：延边大学出版社
社　　址：吉林省延吉市公园路 977 号　　邮　编：133002
网　　址：http://www.ydcbs.com
E-mail：ydcbs@ydcbs.com
电　　话：0433-2732435　　　　　　　　传　真：0433-2732434
发行电话：0433-2733056
印　　刷：三河市嵩川印刷有限公司
开　　本：787 mm×1092 mm　1/16
印　　张：12.25　　　　　　　　　　　　字　数：200 千字
版　　次：2023 年 6 月　第 1 版
印　　次：2023 年 7 月　第 1 次印刷
ISBN 978-7-230-05113-2

定　价：62.00 元

前　言

创新是引领发展的第一动力,是建设现代化经济体系的战略支撑。在知识经济时代,知识创业已经成为新的创业模式。因此,高校有必要顺应知识经济社会发展的需要对在校大学生开展创新创业教育,鼓励和扶持大学生开展创新创业活动,着力培养大学生的创业意识、创新精神、创业能力和创业素质。

具体来说,大学生创新创业教育是指结合专业教育来传授创业知识,培养大学生的创业能力和创新品质,使大学生毕业后能够顺利步入社会,实现自主创业和自我发展的教育。同时,创新创业教育作为一种教育理念,应贯穿于高校的专业教学和课外活动之中,以激发大学生的创业意识和创新思维为宗旨,让更多的大学生理解创业的含义并具备一定的创业能力。

大学生创新创业教育是高校教学和实践体系中的重要一环,是新时代落实"立德树人"根本任务的客观要求。开展大学生创新创业教育,培养大学生的创新精神、创业意识和创业能力,不仅是新时代高校积极响应国家政策,服务经济社会发展需要的重要举措,更是进一步落实高等教育"立德树人"根本任务、促进大学生成长成才、提升高校人才培养质量的关键。可见,大学生创新创业教育要紧紧围绕人的价值、社会价值与国家价值,弘扬改革创新的时代精神,以正确的价值观引导大学生创新创业行为,培养社会主义合格建设者和可靠接班人。

笔者在撰写本书的过程中,参考了大量的文献资料,在此对相关文献资料的作者表示由衷的感谢。此外,由于笔者时间和精力有限,书中难免会存在不足之处,敬请广大读者和各位同行予以批评、指正。

目 录

第一章 大学生创新创业教育的理论研究 ... 1
第一节 大学生创新创业教育概述 ... 1
第二节 我国大学生创新创业教育的运行机制 ... 6
第三节 大学生创新创业教育体系建设 ... 13
第四节 5G时代的大学生创新创业教育研究 ... 19
第五节 大学生创新创业教育"链式"机制 ... 23

第二章 大学生创新创业教育模式研究 ... 29
第一节 基于实践导向的大学生创新创业教育模式 ... 29
第二节 分享经济时代的大学生创新创业教育模式 ... 35
第三节 校企合作视域下的大学生创新创业教育模式 ... 41
第四节 大学生创新创业教育模式 ... 45

第三章 新时代的大学生创新创业教育 ... 49
第一节 我国大学生创新创业教育现状分析 ... 49
第二节 大学生创新创业教育转型发展的核心问题 ... 64
第三节 新时代大学生创新创业教育的新路径 ... 71

第四章 高校创新创业教育的创新研究 ... 75
第一节 高校创新创业教育与社会教育的融合 ... 75
第二节 基于创客教育的高校创新创业教育革新 ... 81
第三节 高校创新创业教育多元协作的价值取向 ... 87
第四节 构建高校创新创业教育共同体研究 ... 94

第五章 大学生创新创业教育培养体系构建依据 ... 101
第一节 大学生创新创业教育培养体系构建的必要性和可行性 ... 101
第二节 大学生创新创业教育培养体系构建的目标和内容 ... 105
第三节 大学生创新创业教育培养体系构建的原则和要点 ... 119

第六章 大学生创新创业教育课程体系的构建 ... 122
第一节 大学生创新创业教育课程体系构建的目标和原则 ... 122
第二节 大学生创新创业教育课程体系构建的方向、内容和要求 ... 128
第三节 大学生创新创业教育课程体系的发展现状 ... 131
第四节 大学生创新创业教育课程体系的构建策略 ... 134

第七章 大学生创新创业教育实践体系构建 ... 139
第一节 以课程教学为基础的大学生创新创业教育实践 ... 139
第二节 以导师团队为指导的大学生创新创业教育实践 ... 146
第三节 以学生社团为载体的大学生创新创业教育实践 ... 154
第四节 以科研项目为抓手的大学生创新创业教育实践 ... 162
第五节 以科技竞赛为引导的大学生创新创业教育实践 ... 171

第八章 大学生创新创业教育师资建设 ... 177
第一节 设立分层推进的创新创业教育师资建设框架 ... 177
第二节 组建数量充足的高素质师资队伍 ... 179
第三节 形成科学合理的师资结构 ... 182
第四节 建立形式多样的高校师资培养体系 ... 184
第五节 组建适应区域发展的创业师资队伍 ... 186

参考文献 ... 188

第一章 大学生创新创业教育的理论研究

第一节 大学生创新创业教育概述

随着我国创新驱动发展战略的不断深化，创新型人才的需求迅速增大。大学生作为创新创业的生力军，如何培养其科技创新能力至关重要。我国的大学生创新创业能力培养面临诸多问题，如大学生创新创业意识薄弱、成果缺乏研究价值和可行性、指导教师积极性不高、高校缺乏相关硬件支持等。

随着我国经济的不断发展和供给侧结构性改革的不断推进，社会对创新型人才的需求迅速增加，"大众创业、万众创新"已经成为时代潮流，国家自上而下，多举措、全方位地为创新创业者提供支持。大学生作为创新创业的生力军，为推动社会创新性发展发挥了重要作用，高校培养高素质创新型人才迫在眉睫。

一、培养大学生创新创业能力意义重大

在经济全球化的背景下，科技的不断进步能增强我国在国际上的主动权和话语权。大学生创新创业教育是增强国家竞争力，缓解就业压力，将研究成果转化为生产力的有效途径。

（一）有利于提高学生综合素质

高校通过开展创新创业活动，引导大学生将专业知识用于解决实际问题，了解理论知识和实际应用的差别和联系，明确今后的学习方向。同时，大学生在参与创新创业活动的过程中，可以磨炼意志，探寻解决问题的方式方法，进而增强分析和解决问题的能力，培养发散性创新思维。

（二）有利于缓解社会就业压力

近年来，大学毕业生逐年增多，大学生就业形势严峻，因此国家鼓励大学生创业，并提供了众多优惠政策。目前很多大学毕业生创办的公司为社会提供了就业岗位，缓解了社会就业压力。这些创业者在商业环境中迅速成长起来，成为某一领域的领军人才。

（三）有利于推动研究成果的转化

大学是科学研究的重要阵地，很多科技成果都是在大学里研究出来的，不过目前很多成果并未转化为产品，仅仅停留在实验阶段。大学生有机会接触到最新的科学技术成果，如果能够充分利用这些资源，将科技转化为生产力，用于人们的生产生活，将对创新型社会的建设发挥重要作用。

二、大学生科技创新能力培养现状

近年来，我国科技实力不断增强，在部分领域已经位于国际前列，解决了很多重大战略问题。在科学研究不断取得成果的同时，社会对大学生科技创新能力的培养越来越重视，国家多部委和专业学会为此组织了众多科技类活动。各高校也积极响应号召，主动在培养学生科技创新能力上下功夫。不过，在我国较传统的教学模式下，大学生创新创业教育很难获得质的提高，主要有以下几个原因：

（一）大学生科技创新意识薄弱

我国长期以来实行的"应试教育"忽视了对学生创新意识和实践能力的培养，导致学生在面对新事物的时候，缺乏探索创新的勇气，创新意识薄弱。而且大部分本科生专业知识储备少，科研能力弱，自信心不足。此外，在目前的招生政策下，众多学生为了追求"名校"而忽视了自己的兴趣和特长，选择了不适合自己的专业，慢慢失去了深入研究的热情。

（二）大学生科技创新成果缺乏研究价值和可行性

科技创新成果的取得往往需要长时间的积累，如果没有大量的实践验证，科技创新成果的价值就会大打折扣。学生在求学阶段的学业压力大，课余时间少，难以将大量的精力和时间投入科技创新活动中，多数学生靠短时间的"突击"来应付项目检查或参加科技竞赛。由于没有长期的科研支持，难以取得突出成果。而且科技工作需要大量的理论知识积累和锲而不舍的钻研精神，学生自身能力不足，意志不够坚定，很难达到科研项目的要求，导致项目可行性差。

（三）指导教师积极性不高

高校教师教学和科研压力大，考核任务重，大部分精力都放在了自身的教学和科研工作中。很多高校的教师指导大学生创新创业活动多是出于责任心，而学校往往不重视学生参加创新创业活动取得的成果，对教师缺乏相应的激励机制，如果学生对创新创业活动也敷衍了事，就会打击指导教师的积极性，让教师逐渐失去指导学生参与创新创业活动的内在动力。

（四）高校缺乏相关硬件支持

大学生参加创新创业活动，需要一定的场地、经费和设备等硬件支持，高校的实验设备大都统一购置，这类实验设备虽然便于管理和维护，但不具备二次开发性能，留给学生设计的空间较小。同时，很多高校没有完善的科研平台，一些科研实验室和设备并不完全对学生开放，导致学生开展创新创业实践活动的难度增大。

三、提高大学生创新创业能力的措施

营造创新创业氛围，提高学生创新创业实践能力，需要整合多方资源，搭建大学生创新创业实践平台，让学生有机会参与到创新创业活动中，通过平台引导、助力、管理各项创新创业实践工作。

（一）加强思想引导，激发学生创新创业热情

搭建师生交流平台，邀请名家大师为学生答疑解惑，指导学生开展创新创业活动。同时，邀请成果突出的学生分享创新创业经验，为广大学生树立标杆。建立起教师讲授知识、优秀学生传授经验的讲座体系，帮助学生树立远大理想，积极投身到创新创业活动中来。

（二）推出创新计划，提供项目经费支持

高校应培养学生的创新创业兴趣，积极引导学生参加大学生创新创业项目，可以采取教师发布项目供学生选择或学生根据调研情况自拟项目两种方式进行项目立项，对于成功立项的项目学校提供经费支持，并严把经费准入准出关，提高项目日常检查和结题标准，让学生朝着更远大的目标奋斗。对具备市场潜力的项目给予大力支持，推动创新成果转化为生产力。

（三）开设培训课程，系统提高创新创业能力

高校应制定创新创业能力提升培训方案，为培训提供标准和依据，在基础理论、文献检索、专利申请、论文撰写、竞赛备赛等方面开设课程，对学生进行系统培训，让学生明晰取得创新创业成果的方法和途径。同时，积极争取校

外资源，为创新创业成果突出的学生提供赴企业实习、与相关专家进行学术交流的机会，让他们有更多机会了解行业前沿技术。此外，还可开设大学生创新创业讲堂，学生定期汇报项目进展，教师及时指导，保证项目顺利进行。

（四）以赛促学，构建人才梯队

目前大学生的创新创业竞赛呈现出百花齐放、百家争鸣的良好态势，高校要建立起覆盖各专业、各年级的创新创业体系，为学生提供参赛机会。对在竞赛中表现突出的项目和个人，按照多学科、跨年级的原则进行组队，以发挥优势互补、以旧带新的作用；同时邀请相关专家进行一对一辅导，进一步完善项目以参加更高级别的竞赛，为学生提供广阔的成长和展示平台。逐渐构建起专业教师全程指导、学生人才梯队培养、高校提供硬件支持的竞赛支撑体系。

（五）梳理创新创业信息，着力搭建科研平台

目前，各类大学生创新创业培训和竞赛信息鱼龙混杂，很多学生不具有分辨这些信息的能力，无法获得准确的创新创业项目或竞赛的参与途径。为此，高校需要根据学生需求梳理创新创业信息，建立一体化信息集散平台，为学生提供项目双选、竞赛资讯、辅导资料、培训讲座、优秀案例等资源。同时，要根据学生创新创业能力培养需求，推进实验室开放课程的建设，协调实验室资源，为学生提供实验场所和设备，让学生能在实践中探知真理，在科研项目中获得知识。

（六）制定激励机制，提高师生参与积极性

为充分调动大学生参与和教师指导大学生创新创业活动的积极性，高校需制定相应的激励机制，对取得突出成绩的学生在奖学金评定、推免研究生等方面给出明确的奖励办法。将教师指导学生取得的科技成果进行量化，量化结果直接与教师考核和职称评定挂钩，并大力表彰优秀指导教师，提高教师积极性。

大学生创新创业能力的培养，一方面要保证基础理论教育的完整性和系统

性，另一方面要加强实践环节的硬件支持和政策引导，充分调动师生积极性，为师生交流搭建好平台。建立学校提供保障和政策支持，指导教师提供专业化指导、企业提供实习和试行条件的全方位、全程化创新创业育人体系。让学生能够在参与创新创业实践活动时产生归属感和获得感，让创新创业成果成为经济发展的新引擎，让创新型人才成为社会进步的新动力。

第二节 我国大学生创新创业教育的运行机制

我国大学生创新创业教育的运行机制包括微观和宏观两个方面。其中，微观机制包括环境熏陶机制、素质构建机制和动力激励机制等；宏观机制包括制度引导机制、竞争催动机制和评价反馈机制等。只有结合微观机制和宏观机制，才能正确而全面地认识我国大学生创新创业教育的具体运行。"机制"一词原意是指机器所具有的基本结构和工作原理，最初被用于工程学中，但随着各学科之间的不断交融，该词也逐渐被用于生理学、经济学、管理学等学科中。所谓"运行机制"，是指为了使特定系统达到某种运行状态而设置的系统各要素的结构和作用方式。我国大学生创新创业教育也具备一定的运行机制，其中，利益、需求、激励、竞争等要素相互交错，共同实现对大学生进行创新创业教育的目的。

一、我国大学生创新创业教育运行的微观机制

在对我国大学生创新创业教育的运行机制进行探索时，可以从心理学角度对其进行微观把握和剖析。大学生创新创业教育应更好地发挥其激励和促进作

用，更好地引领大学生主动接受创新创业教育，进而提升大学生的创新创业意识。大学生创新创业教育还应合理发挥其熏陶和感染作用，使大学生在心理层面对创新创业教育产生认同。我国大学生创新创业教育运行的微观机制主要包括以下三方面：

（一）环境熏陶机制

著名的情境学习理论认为，在人们开展各项行为活动时，一方面会进行一定的思维，作出相应的判断和决策；另一方面，人们的行为也具有实践性和社会性等特点，学习者自身的思维意识，是学习者在与情境的互动中生成的。因此，为了达到更好的创新创业教育效果，高校应采取各种措施，为学生营造一个更有利于提高学习效率、获得正确创业认知的环境。比如，高校可以通过各种途径（如学校的广播、网络或宣传栏等），加强对创新创业教育有关知识的宣传，促进大学生树立创新创业的理念。高校要营造支持创新创业的氛围，借助新闻媒体的公信力，让全社会感受到创业带来的激情和震撼。高校在进行大学生创新创业教育时，还需要在学生心目中树立一定的榜样意识，促进学生更好地向心目中的榜样学习。高校教师应广泛收集各种创业成功人士的典型事迹，树立合适的典型，有效调动大学生的创业积极性。这种"典型式"熏陶，能让学生认识到创业之不易，让他们了解在实际开展创业活动时会有很多的不确定因素，只有及时对这些不确定因素进行预测和判断，才能使企业面对更少的风险。

高校在开展创新创业教育时，应根据实际需要，为大学生营造良好的创业情景模拟，以促进大学生产生创业动机，使大学生在特定环境中正确而全面地分析创业中的各种问题，并发现自身不足，进而有针对性地提升自己的创业能力和素质。在此过程中，既要发挥教师的引导和启发作用，又要体现学生作为学习主体的创造性。例如，创业教育中的案例分析能将学生带入全新的创业环境中，案例教学法能将蕴含专业知识的现实问题搬进课堂，引导学生积极思考，使其主动学习、讨论和实验。大学生创新创业教育就是要教会学生解决一个个创业问题，所以选择良好的案例是教学关键。一个好的案例能激发学生强烈的问题意识和探究动机，引导学生积极思考，使其最终能独立解决问题。

（二）素质建构机制

建构主义学习理论的基本观点是：学习是学生主动构建自己知识体系的过程，学生会依照自身的经历和所面临的环境，对所遇到的问题进行分析和判断，进一步提升自己的能力，并在此基础上对已掌握的知识进行提炼和升华。因此，在教学过程中，教师不可以简单机械地传授知识，而是要更好地引导学生，让学生在已经获得的知识基础上进一步构建新的能力体系。

一般来说，在创新创业教育的培养下，大学生知识和能力的构建可分为两大方面，即智力因素和非智力因素。智力因素在创造性活动中具有直接参与对客观事物的认识、处理各种内外信息等作用，这些作用体现在一个人的智力水平上，主要包括感知、记忆、思维、想象等。非智力因素在创造性活动中具有动力和调节作用，对活动起着发动、维持、强化、定向和引导作用，主要包括动机、兴趣、情感、意志、性格等。在实际开展创业活动时，尽管对于智力因素具有一定要求，但一些非智力因素同样关键。

在创新创业素质的建构过程中，学生会通过已有的认知结构，对新的知识和经验进行归纳整理，建立起适合自己的新的知识结构。借助案例式教学，能培养学生主动学习的习惯，从而发挥学生的积极性、主动性，最终形成新的知识体系。此外，要充分利用学生社团的力量，把学生社团作为对学生进行创业意识培养和创业技能教育的有效载体和途径，以培养学生的创业精神和实践能力。

（三）动力激励机制

激励是一种手段，有效的激励能使人获得正确的价值认同，进而提升工作的积极性和创造性。亚伯拉罕·马斯洛于1943年发表了他的划时代巨著《动机与人格》，他在该书中提出，人有五种不同层面的需求，即生理需求、安全需求、社交需求、被尊重的需求和自我实现的需求。在马斯洛的理论中，这五种需求是有层次之分的，在前几种低层次需求获得满足的情况下，人们才会努力实现更高层次的需求。在特定的时间或空间里，人们可能会同时有多种需求，但其中将满足而未满足的需求会占据重要地位，主导着人们的行为。

创业者的需求大体包括三个方面：获得经济利益、提高知名度、实现自我价值。在大学生创新创业教育的激励过程中，要注意满足不同主体多层次、多样化的需求。激励必须有针对性，不同组织、不同对象对激励的需求也会不同。在对创新创业教育教师进行激励时，精神上的奖励往往比物质报酬更能满足其心理需求。当教师看到学生获得进步和成功时，其心中的成就感往往能给他们很大的激励。

大学生在创业时的需求是十分丰富的，有很多种类。创业成功能使大学生改善生活条件，并更好地实现自我价值，获得自我满足感和认同感。以往高校对学生主要采取精神激励的方式，激励对象主要是获得某些创业竞赛名次的学生。比如，当学生通过激烈的比赛获得名次时，很多高校会给这些学生颁发证书，或举行一场表彰大会，会后让学校新闻部门采访获奖者。但要注意的是，在对学生进行激励时，应注重物质激励和精神激励相结合。在市场经济条件下，人们不仅关注物质需求的满足，还希望获得一定的社会认可，提升自己在他人心目中的地位，一定的物质激励能使学生有更强的学习和实践动力。针对在校大学生的创业活动，学校要在创业基金和开辟专门场地上给予学生一定的物质支持，这样才能给予他们持续创业的勇气。

二、我国大学生创新创业教育运行的宏观机制

在我国大学生创新创业教育的运行中，通过引导大学生创业者，强化其创业动机，并促使其将动机转化为创新创业行为。从宏观角度看，我国大学生创新创业教育内部存在着制度引导机制、竞争催动机制和评价反馈机制。通过这

些机制的作用，大学生创新创业教育能宏观地引导创新创业服务国民经济和社会发展，并促进优秀创新创业人才脱颖而出，从而形成崇尚创业、尊重创新的社会环境。

（一）制度引导机制

美国心理学家华生提出了著名的"行为主义理论"，该理论的主要内容为：人们在进行某些行为时，往往有着很强的目的性和针对性，如果该行为能更好地满足其需求，他就会坚持下去；反之，他就会终止这些行为，并分析自身存在的不足之处，进而改进和调整自己的行为。美国学者库尔特·勒温进一步指出，人们的行为是其人格与其当时所处制度环境交互作用的结果，也就是说，人们所进行的各种行为活动是同时受到自身心理状态和所处环境制度影响的。

创业是一个渐进的过程，知识的点滴积累，技能从量变到质变的飞跃，都是一个长期的过程。大学生创业者在开展实际创业活动时，可能会遇到各种各样的问题和挫折，要想更好地应对和处理这些问题，以一种平和的心态面对不同的挫折，需要创业者具备较强的心理素质。因此，心理素质的培养十分关键，而学生所处的环境制度会对其心理素质产生很大影响。为此，一方面，高校应根据实际情况，制定和实施创新创业教育相关的管理制度，并要求学生严格遵守；另一方面，教师应更好地扮演自己的角色，发挥榜样和示范作用，以自己的人格魅力感染学生，增强学生的创业动力。

（二）竞争催动机制

在创业过程中，当创业者有了创业动机并具备一定条件，就会引起创业行为。我国大学生创新创业教育把竞争引入其中，强化了创业者群体的动力，激烈的竞争促使大学生创业者尽快创造出良好效益。在创业竞争中，创业项目能否得到社会承认是决定胜负的关键，诚如美国学者默顿所说："在为人类做贡献的有组织的竞赛中，谁跑得最快，谁首先作出了贡献，谁就将赢得这场比赛。"企业如果能在竞争中占得先机，就能获得更多的收益，并实现快速发展。企业要想获得自身的发展优势,就必须通过科技创新,掌握前沿的技术,并形成企业自身的核心竞争力。从整个社会来说,竞争能在一定程度上提高我国自主创新能力,更好地发挥自主创业推动技术创新的杠杆作用。

在我国大学生创新创业教育中,创业计划竞赛是竞争的重要手段之一。创业计划竞赛的作用,不仅在于催生公司,它还能促进大学生更好地参与到创业实践活动中来,从而提升自己的创业能力和素质。对没有参赛的学生而言,创业计划竞赛也是一种氛围的熏陶,能使其对创业有一定的认识和了解。充满青春热情的大学生往往具有追求成就、实现自我价值的强烈愿望,而创业计划竞赛恰恰为这些大学生提供了一个自我展示的平台。大学生在参与创业计划竞赛的过程中,需要开展多方面的工作,如编写创业竞赛计划书,与老师、同学进行沟通和交流等。在这个过程中,学生不仅能获得更多的友谊和知识,还能显著提升自己的团队意识和应对各种事件的能力。

(三)评价反馈机制

对创新创业教育进行评价时,其评价对象是大学生创新创业教育活动,评价的主体包括政府、社会和高校三个方面。政府评价主要是对学生的创业率和就业率、毕业生创业效果、毕业生对创业机会把握能力的评价。社会评价的主体包括社会舆论组织和非政府组织等,主要是对学生的综合素质、职业结构、创业成功率、收入、社会影响力等的评价。高校评价是一种自我评价,主要由学生、教师、高校职能部门参与评价。高校评价主要是对创新创业教育的理念、创新创业教育课程的开展以及创新创业教育课程的满意度的评价。对创新创业教育理念的考查,主要包括学校对创新创业教育的重视程度、宣传效果以及提供资金、场地、优惠措施的力度;对创新创业教育课程开展情况的考查,主要包括创新创业教育课程的开设、创业活动的开展、创业实践的实施、学生创业素质的养成等方面;对创新创业教育影响面及满意度的考查,主要包括创新创业教育的普及程度及其在学校中的影响力、学生接受创业课程的比例、学生参与创业竞赛的次数以及学生和教师对创业教育效果的认可度。

对我国大学生创新创业教育的评价，可以分为形成性评价、总结性评价、定量评价和定性评价等。形成性评价主要考核学生在创业课程学习中的认真程度、在创业活动及实践中的参与度和积极性，这种评价需要多次进行、随时开展。总结性评价主要考核学生在创业课程结束后的收获，可以单人考核，也可以团体考核；可以单项考核，也可以综合考核；可以书面考核，也可以口试答辩。定量评价主要关注大学生创业课程的成绩，却容易忽视个性发展、心理品质和行为规范等难以量化的指标。定性评价主要是对学生的平时表现、学习情况、创业意识、创业品质等的观察和分析，并据此直接对学生作出定性结论，如评出等级、写出评语等。

一般来说，知识的掌握程度和能力的培养效果需要用测验法、问卷法来了解，创业意识和心理品质的形成需要用访谈法、观察法来了解。对以上方法必须综合运用并对结果进行合理的处理与分析，以防止出现以偏概全的情况，从而保证评价结果的准确性。有学者对大学生创新创业教育的评价提出了七项标准：创新创业教育提供的课程、教师发表的论文和著作、创新创业教育对社会的影响力、毕业校友的成就、创新创业教育项目自身的新颖性、毕业校友创建新企业的情况、创新创业教育的外部学术联系（如举办创业学术会议、出版创业学术期刊等）。我国学者也提出了以创新创业教育的课程、师资、创业环境、学生四个方面为主线的，八大类四十项指标的大学生创新创业教育评价体系。八大类为：教学方法、教师专业背景、核心课程体系、教师科研能力、创新创业教育硬环境、创新创业教育软环境、学生专业背景、学生个性特质。但要注意的是，大学生创新创业教育不能仅通过写了多少高质量计划书、得了多少创业竞赛奖、办了多少公司等指标来评价，而是要看有多少大学生在接受创新创业教育后通过自己的努力为社会增加了财富，或通过自己的创业为社会减轻了就业负担和压力，这才是我国大学生创新创业教育的真实成效。也可以说，创新创业教育评价不能只停留在数据层面，而应从社会层面和实践层面进行全面的评价。

综上所述，制度引导机制、竞争催动机制和评价反馈机制对我国大学生创新创业教育来说都是不可或缺的,它们共同构成了大学生创新创业教育的宏观机制。上述三条机制,都是为实现新时代大学生创新创业教育的多元化目标(经济目标、技术目标、社会目标、生态目标等)而服务的。只有把大学生创新创业教育的微观机制和宏观机制结合起来,才能全面认识我国大学生创新创业教育的具体运行。

第三节 大学生创新创业教育体系建设

大学生在创业中具有较大优势。据有关调查,在"大众创业、万众创新"背景下,具有创业意向的在校大学生已高达七成,但大学生的实际创业率与创业成功率却与之形成巨大反差。大学生是我国创新创业的一股强大力量,想要更好地利用这股力量,需要高校做好对应的创新创业教育,提高大学生的创业意识和成功率。大学生创新创业教育不仅能培养大学生的创新创业意识,还能提升大学生自身的社会实践能力和组织协调能力。

《关于推动创新创业高质量发展打造创新创业升级版的意见》的印发,表明国家非常重视大学生创新创业教育,国家推动大学生创新创业教育高质量发展是落实创新驱动发展战略、促进经济提质增效升级的迫切需要,更是促进高校大学生高质量创业就业的重要举措。

一、大学生创新创业教育存在的问题

（一）大学生缺少创业实践经验

大学生的日常生活和学习长期局限于大学校园，缺乏社会交流，社会经验不足。而大学生的课堂学习偏重理论学习，很难获得实践机会，同时缺乏社会关系和社会网络，获取市场有效信息的渠道有限，社会资源相对匮乏。许多大学生在创业实践过程中，考虑问题简单化、理想化，创业实践经验不足，无法适应市场发展规律，没有足够的能力有效解决问题，这些都是大学生创业成功率低的原因。

（二）大学生创新创业教育体系不够健全

1.大学生创新创业教育理念落后

当前我国高校的创新创业教育，某种程度上还普遍存在以教师为中心、以结果为导向的"老一套"的教育理念。传统的教育理念在当今时代已无法培养出社会发展所需的创新人才，高校需与时俱进，不断探索适合现代化发展的创新创业教育理念。

2.大学生创新创业教育教学方式单一

在我国，高校作为创新创业教育的主要承担者，在创新创业教学设计中，普遍欠缺对大学生创业所需理论知识的传授，理论知识与创业实践操作能力有机结合的课程内容更少。课程设置单一，以传统说教方式灌输知识，学生自主性不高，教学与社会创业实践脱轨，导致大学生思维模式固化、知识结构单一，缺乏创新创业的创新思维和实践能力。

3.大学生创新创业教育师资匮乏，结构不合理

我国大学生创新创业教育的教学内容基本上以就业指导为中心，而创业指导教师以学校学生工作处的教师为主，大学生创新创业教育的教师队伍普遍缺

乏创业经历，注重理论教学，难免出现照本宣科的现象。除了原有的教师，高校还可以邀请校外企业人员来校任教，或者是邀请接受过创业培训教育的专业人才。对于现有创新创业教育师资，应该优化组合，以改变师资匮乏的现状。

（三）校企合作机制不完善

目前，国内高校与企业大多以创业家座谈会、赞助、校园招聘会等方式进行合作，合作方式较为单一、简单，缺乏有效的合作机制。而这种过于单一的合作方式会导致大学生创新创业实践难以以企业为依托。

在校企合作中，高校的主要目的是解决学生毕业前的实习工作，企业的目的则是解决内部的人力资源需求，这样的合作并未充分调动企业培养学生的积极性，校企育人制度没有落实，企业所拥有的社会资源和经验不能真正用于培养学生的创新创业能力，校企合作机制存在较大缺陷。

（四）大学生创业政策支持保障机制乏力

高校大学生创业面临许多现实难题，如需要资金、政策、技术等方面的支持。目前，我国已经出台了许多促进大学生创业的政策，如降低公司注册资本门槛、提供创业鼓励资金、减免相关税收费用等。但相关部门、高校在贯彻落实政策的过程中存在缺位，创业政策不能及时有效地宣传到位，使得学生创业政策支持保障机制乏力，创业大学生无法得到国家政策支持，使得政策实施效果大打折扣。

二、大学生创新创业教育体系建设途径

（一）创新创业课堂教学建设

1.重视大学生创新创业课堂教学，提高教学质量

高校创新创业课堂是学生了解创业知识的第一课堂，是培养学生良好创业

价值观的重要渠道，高校应注重培养大学生正确的创业动机和创业价值观。坚持以创业素质、创业精神、创业价值观的培养为中心，让学生在创业认知、心理准备和价值观层面为创新创业打下坚实的基础。

高校应顺应社会的发展趋势，规划并设计完善的创新创业教育体系，在良好的创新创业氛围下，制订适应社会发展要求的大学生创新创业计划。不断加强创新创业教育师资与教育团队的建设，增强师资力量，并不断鼓励、推动高校教师担任大学生创新创业实践训练导师，同时，聘请创业企业家担任大学生创新创业教育导师，以此打造一个专兼结合、高质量的创新创业导师团队。同时，高校创新创业课堂不能局限于线下开展，应采用线上线下相结合的方式，合理利用互联网资源，利用专业、高质量的创业视频引导大学生进行创业知识的学习，以更好地帮助大学生进行创业形势分析、政策解读，树立良好、正确的创业价值观。

2.开展创业知识讲座，开阔视野

创业讲座有利于丰富大学生的创业知识，开阔大学生的视野。高校应定期邀请企业、科研院校、政府部门的专家学者来校讲学，充分发挥其创业、管理等方面的优势，通过对创业基础知识的讲解、案例的分析、时事政策的解读，以及对当前创业环境的剖析，引导学生积极思考，启迪其思想，开阔其视野。

3.构建校企合作模式，合作共赢

高校可以通过与企业合作，为大学生在企业规范管理、市场运营、营销渠道等方面提供指导与支持，为大学生的创业演练提供帮助，丰富创业教育课程体系。定期组织学生走访企业，并为大学生讲授创业企业当前的行业背景、业内实务等内容，讲解创业过程中遇到的法律、工商、税务、项目管理等问题，使学生增加对创业各环节的认识，提高大学生对创业各个环节和关键点的把握能力。同时，高校可以通过引入企业文化资源营造校园的创业文化，并以企业家进校园活动为载体，逐步开展企业家论坛、创业沙盘、创业沙龙等创新创业系列活动。在活动中，让学生认识现代企业的运营管理模式，了解企业发展历程，体验企业文化与发展理念。

（二）创新创业模拟实训建设

1.构建创业模拟系统，培养学生创业实训能力

完善的创业模拟系统是提升大学生创业实训能力的重要工具。高校应引进创业模拟培训系统，建设创业项目孵化基地、实践基地、大学生创业园、大学生创新创业训练中心等载体，为学生提供创业实践场所。在创业模拟培训系统中，以模拟经营初创公司为项目载体，实行项目负责制。学生通过系统对项目进行运营，逐步实施初创公司的一系列业务活动。在创业项目实训过程中，学生可以学习并了解企业的运营系统，认识创业公司的经营目标和经营方针，体验战略选择和经营业绩之间的关系，培养洞察市场、理性决策的能力。同时，学生也可以在实训过程中提高团队交流能力，树立全局观，突破各部门之间的分割限制，增强抗挫、抗压能力，培养协作精神，提升创业实训能力。

2.开展创新创业比赛活动，提高学生的创新创业能力

创新创业大赛是提高大学生创新实践能力的有效途径，也是"产学研"应用的平台。在比赛过程中，大学生只有充分理解初创公司项目的实施过程，明确自身项目的核心技术及核心竞争力，创业团队精诚合作，充分发挥出团队成员的特长，才能在比赛中脱颖而出。因此，以创新创业大赛作为大学生的创新创业实践活动的载体，有利于增强团队协作精神，培养学生的创业兴趣，调动学生的积极性和主动性，激发学生的创新思维和创业意识。

3.健全创业实训管理制度，提高学生实训的整体效率

健全创业实训管理制度，完善大学生创新创业教育体系，有利于培养学生的创新思维和创业能力。高校应通过科学的教学方式和教学手段，增强学生各方面的能力；制定合理的项目考核制度，明确大学生创新创业管理体系中的权利与义务。在健全创业实训管理制度的同时，也应考虑高校各职能部门的具体分工，以达到科学管理的目的，提高学生创业实训的整体效率。

（三）创业服务实战平台建设

1.打造创业服务平台，为大学生创业提供便利

在"大众创业、万众创新"背景下，大学生创业已常态化。为了更好地帮助大学生参与创业实战，政府与高校应积极打造创业服务平台，为大学生创业提供便利，为新时代的大学生创业提供强实战、全方位、系统化、全生态的创业综合服务。

政府应鼓励高校与平台软件开发者合作，以大学生创业需求为基础，为大学生初创企业提供多层次的创业服务，打造一个集服务式、平台式与轻资产模式为一体的创业服务平台。创业服务平台可以集视频教学、创业服务于一体，以创业大学生为中心，以提供创业具体操作服务为导向，重点打造包括公司注册、执照办理、专利申请、法务税务登记等相关服务，帮助大学生解决创业过程中可能遇到的一系列问题，提高创业项目的孵化成功率。此外，创业服务平台还能为大学生提供合伙人推荐、专利保护、行业资讯推送、专业问题咨询、融资投资对接、人才培训等相关配套服务，助力大学生实现创业梦想。

2.采用线上线下相结合的模式，提高创业成功率

创业服务实战平台采用线上线下双轨运营模式。在线上，为大学生创业者、企业家、投资人、创业导师和专项人才提供创业知识与资源共享、创业各项咨询服务的交互平台。在线下，创业服务平台可以聚集一批优秀的创业者、企业家、投资人，打造新领袖社群。在增加创业者黏度的同时，为创业者全程赋能。为大学生创业提供创业辅导、初创公司业务办理、项目策划、商业模式创新、运营能力创新、盈利模式创新、渠道招商创新等基础服务，也包括成长型企业的战略重构、企业变革及资本运作等一系列高端服务，以帮助大学生提高创业成功率，为大学生创业保驾护航。从理论课程、模拟实训到投入实战都应合理有效地利用高校、企业、社会的资源，建设完善的创新创业教育体系，为大学生创业保驾护航，系统化地解决大学生在创业学习、实操应用与创业咨询过程中遇到的难题，帮助大学生正式实施创业项目。

帮助大学生在模拟创业实战训练中解决创业难题，更清晰地了解企业运营流程，更系统地完善创业项目，提前执行并适应创业操作事项，确保大学生在了解创业、尝试创业、深入创业中不断培养创业思维，在理论学习与实战学习相结合的创业咨询平台中创造个人真正的创业成果。企业专业人士的项目反馈意见不断改善创业方案，让学生在模拟实践中不断检验项目可行性，以饱满的热情踏上创业征程，实现创业理想。

第四节 5G 时代的大学生创新创业教育研究

5G 指第五代移动通信技术，是在 4G 基础上发展起来的多种新型无线接入技术的总称。5G 技术具有频谱利用率高、网络兼容性好、系统性能高效等优点，能为人们带来高容量、高速率、低延迟、低功耗、超可靠的移动数据体验，可以应对比 4G 更复杂的场景。5G 时代的来临，不仅为各个行业的转型和升级提供了重要保障，促进了物联网、工业自动化、无人驾驶、人工智能等领域的创新发展，而且将支撑起许多新科技的商业化运用。在此背景下，5G 时代势必会出现新一轮的创新创业机遇。高校作为大学生进行创新创业活动的重要基地，只有积极探索与时俱进的创新创业教育模式，解决创新创业过程中遇到的问题，优化学生的知识结构，才能培养出满足建设创新型国家需要的高水平创新人才。

一、5G 技术对创新创业教育的重要意义

5G 作为新一代移动通信技术发展的方向，将以全新的网络架构，提供至

少十倍于 4G 的峰值速率、毫秒级的传输时延和千亿级的连接能力，将在提升移动互联网用户体验的基础上，进一步满足未来物联网应用的海量需求，最终实现"信息随心至，万物触手可及"的总体愿景。同时，5G 技术与工业、医疗、交通、教育等行业深度融合，将促使众多垂直行业跨行业、跨领域交融，将诞生各种新型业务，出现各种社会分工，创建各种高级行业，产生新型商业模式和技术创新，而这些创新将成为今后新价值的增长点，成为国家经济发展的原动力。因此 5G 将为各种创新应用的发展奠定技术基础，将促进人类社会高速发展，充分满足人们对于数字化生活、数字化社会与数字化工业的需求。基于 5G 的突出优势，首先会在创新业务应用上全面爆发，大学生创新创业将迎来更大的市场空间和发展空间。

二、5G 时代大学生创新创业教育现状

"大众创业、万众创新"，强调的就是创新创业对经济发展的强大推动作用。在政府方面，政府为创新创业提供金融支持、税收支持、技术创新支持、创新创业教育支持、创新创业基础设施支持和行政支持等；在企业方面，成功的企业家经常以讲座、校友会等形式，给大学生输送新观点，传递新知识，宣传新经济时代的价值观，引导大学生开阔视野，创新思维，是对高校创新教育的有益补充，而且有些企业支持大学生创业，会以资金、场地、服务等形式为新企业提供资助，并与新企业建立合作关系；在高校方面，创业教育学科被教育部作为必修课纳入高校课程体系，在国家有关部门和地方政府的积极引导下，各高校结合自身特点，进行了有益的探索与实践，形成了多种创新创业教育模式，分阶段、分层次地对大学生进行创新思维培养和创业能力锻炼。此外，各高校积极组织学生参加"互联网＋"创新创业大赛，使大学生的创业意识和创业素养得到了全面的提升。

三、5G 时代大学生创新创业教育问题分析

虽然大学生创业意愿高涨，创业层次也在不断提升，但大学生创业的障碍依旧存在，如缺乏资金、经验不足等。工学、管理学和经济学的大学生对创新创业会更感兴趣，农学、医学、艺术学的大学生对创新创业缺乏热情。餐饮、农业、信息技术、运输、教育、文化等行业仍是大学生创业的主要领域。原因主要有以下五点：

第一，在 5G 时代，部分高校对新一轮的创新创业机遇认识不足，导致对大学生创新创业的扶持政策不完善，配套设施不完备，使得大学生创新创业者因为种种原因未能享受到优惠政策，而导致资金缺乏，或因为配套服务滞后、缺乏创新创业实习基地、孵化基地建设不健全等，很难获得相关的公司实际经营和管理经验。

第二，5G 时代下的大学生创新创业教育体系不完善。首先，创新创业教育课程体系同 5G 时代背景及专业前沿课程融合程度不够，导致学生视野不够开阔，创新创业缺乏新意，模式单一趋同。其次，创新创业教育师资队伍不完善，教师普遍缺乏创新意识和能力，对 5G 时代缺乏敏锐感知，讲课多从书本知识出发，很难打破学科间的壁垒，难以满足大学生对创新创业知识的需求。

第三，大学生创新创业教育实践体系不健全，缺乏 5G 时代下的创新创业训练环境，或是缺乏有效的管理制度，导致实践活动中资源利用率不高。

第四，高校对创新创业的支持有待加强。新技术的研发需要投入大量的人力、物力和财力，这对刚进入社会的大学生创新创业者而言，无疑是一个严峻的考验。

第五，政府、企业、学校的合作与衔接程度有待加强。5G 时代，不管是商业模式的变革，还是技术的创新，都是"摸着石头过河"，缺少成功模式的借鉴，年轻的大学生创新创业活动更是如此。

四、5G 时代大学生创新创业教育改进途径

针对 5G 时代大学生创新创业教育问题的分析，应从以下四个方面进行改进：

第一，政府方面加强政策宣传、资金投入。利用宣传栏、电视、高校官网等对政府公布的创新创业政策进行宣传，还可利用 5G 宣传技术的多种形式和渠道，扩大宣传范围，提高宣传效率，营造良好的创新创业氛围，增强学生参与创新创业的积极性。此外，加大 5G 基础设施建设的投入和创新创业资金的投入。

第二，学生方面提升意识、提高能力。首先，可以通过学习创新创业基础课程增强关于创新创业的理论知识，通过学习创新创业实践课程增强创新创业实践能力。其次，通过学习专业前沿知识掌握 5G 时代的前沿动态，为创新创业储备技术力量。最后，通过政校企合作平台了解创新创业政策，到企业参观学习，借助平台与志同道合的同学开展交流和合作，培养自身的创新创业能力。

第三，高校方面健全 5G 时代下的创新创业教育体系。5G 时代，高校应紧跟时代步伐，不断更新和完善教育体系。一是优化课程结构，适应 5G 时代创新创业需求；二是利用 5G 科技，加强创新创业师资队伍建设；三是完善创新创业组织结构；四是利用 5G 技术，完善创新创业实践平台建设；五是加强校内创新创业文化建设。

第四，社会方面鼓励、支持大学生创新创业。一是加强创新创业理念引导，使大学生创新创业者对 5G 时代的创新创业机遇有正确的认识；二是营造鼓励创新创业的氛围，发挥榜样的引领作用；三是加强社会基金的支持。

第五节 大学生创新创业教育"链式"机制

在"大众创新、万众创业"的新形势下，高校在国家创新体系发展中占据重要地位。为培养综合素质较高的创新型人才，高校应不断探索创新创业人才培养体系，加大创新创业教育力度，促使大学生的创新精神和创新技能得到高质量提升，从而进一步提升核心竞争力。

一、大学生创新创业教育发展现状

（一）专业知识与创新创业的融合有待加强

国家要重视对创新创业理念的引导，高校更应该将这种理念贯穿教育教学的全过程。高校开展诸如竞赛、沙龙、论坛等各种各样的创新创业活动，为大学生创新创业教育的发展提供坚实有力的实践平台，使更多大学生对于创新创业项目活动有一定的理解和认识，也使学生更积极地在大学期间展现自己的创新能力。但关于大学生如何将自己的专业知识与创新创业活动融合，利用专业知识解决实际问题并改进方式方法，还需要学校和教师的精心引导和教育。大学生自主创新创业的现状不尽如人意，创业成功率不高、创新成果转化率低、创业技能存在短板。大学生创新创业教育必须摆脱固有的传统教育模式，高校要重视培养学生理论联系实际的能力，激发学生创新意识的同时，要为学生提供培养创新能力的优良环境。

（二）大学生创新创业意愿有待提升

随着全社会创新创业的氛围日益浓厚，创新创业日渐成为广大青年学生的一种追求，大学生创新创业意愿不断增强。但调查发现，不少大学生还秉持着传统的就业观念，对于自主创业依然有抵触情绪，认为创业是收入不稳定的工作，是找不到稳定工作之后的无奈之举。

（三）创新创业教育师资队伍有待优化

创新创业教育师资队伍肩负着培养创新型人才的重任，也是加快和稳定创新创业教育事业发展的智力支持。创新创业教育对教师的综合能力提出了新的要求。目前，一些高校创新创业教师大多来自学生管理一线的辅导员队伍，或由专任教师兼职，创业理论知识和创业实践相对薄弱，在创新创业教育中显得力不从心，授课内容以通识型的启蒙课程为主，授课方式以理论教学为主，灵活度不高，实战性不强，未能更好地将专业知识与创新创业教育进行有机结合。

（四）创新创业教育管理体制有待健全

目前，一些高校还未形成完善的创新创业教育管理体制，在课程体系建设、专业融合等方面还存在不足。对学生的理论课程、实践活动等没有形成完善的考核体系，对教师的教学没有强有力的约束机制，因此创新创业教育的评价体系是不健全的。有些高校只设置了理论课程，没有实践课程。一些高校的创客空间、创业孵化基地等经营惨淡，没有在全校形成浓厚的创新创业文化氛围。

二、构建创新型人才培养的"链式"机制

创新创业教育是新时代高等教育的新使命，高校在制定人才培养方案时也应将大学生创新创业和实践能力的培养融入，并且将创新创业的意识培养落实到教育教学各环节中。在高等教育发展规律的基础上，按照不同年级学生的发

展需要，根据学生的性格特点、专业知识结构、技术能力水平等，构建创新型人才培养"链式"机制，明确培养计划，启迪学生的创新创业思维，提高学生创新创业能力。"链式"机制有利于启发学生创新意识、培养学生创新思维，以及提升学生的创新能力。分阶段跟踪式教育，易于学生掌握知识，培养学生的能力结构体系，是一种循序渐进的创新创业教育长效机制。

（一）大学一年级注重创新思维启蒙教育

就大学一年级学生的认知水平和能力来看，应注重对其创新创业意识的激发。只有养成创新创业意识，学生在后期的学习和研究中才可能主动投入时间和精力。因此，创新思维启蒙教育至关重要。为激发和训练大学生的创新思维，高校应将创新创业内容巧妙地注入大学生职业生涯规划课程教学中，让学生意识到创业不是与己无关的或是备选的就业方式，而是毕业之后的重要就业途径。高校应引导学生主动探究新事物、新方法，不定期组织讲座和报告、创业沙龙、创业论坛、科研讨论等，以项目或问题为中心，引导学生科学规范地开展项目研究，培养学生的创新精神与创业技能。高校应组建大学生创新创业训练营、创新创业社团，在开展活动的过程中培养学生主动发现问题、思考问题，进而解决问题的能力，激发大学生的创业兴趣和创新活力。

（二）大学二年级注重创新创业意识养成教育

大学二年级是大学一年级的延续和加强，大学生对于学习和认识事物的兴趣还比较浓厚，此阶段应结合学科技能竞赛、创业模拟培训、教师的科研课题等开展创新创业意识的养成教育，以各类创新创业大赛、科技创新大赛、专业技能大赛等为契机，把全面素质发展和个性自由发展紧密结合起来，多渠道为大学生创新创业意识的培养提供平台。

（三）大学三年级注重创新创业能力提升教育

大学三年级是在大学二年级养成教育基础上开展创新能力提升教育、创新思维由概念性向创新能力过渡的重要阶段。根据学科专业特点和创新需求，将创新科学研究融入培养过程的支撑课程体系，并设立相应的学分，进一步加大对创新创业训练计划项目、学科技能竞赛的组织和参与力度。学校或者二级学院应不定期举办优秀创新创业项目成果展示和交流，利用编制创新创业案例集、优秀成果报告册等方式加强推广宣传，激发学生的参与积极性。将开展的创新创业活动融入大学生社会实践与志愿服务，搭建校内外结合的创新创业平台，建立系统完整的实习实践体系，让学生在实践环节中识别并把握创业机会。

（四）大学四年级注重创新创业实践教育

大学四年级是"链式"机制的重点培养阶段，应注重理论知识指导实践。创新创业教育理念和内容体现在大学生毕业论文（设计）中，既能检验大学生创新创业的能力，又能促进创新创业教育与专业教育的融合，促进专业成果转化，提高毕业论文（设计）的质量。依托校内外实习实训基地、政府的众创空间，为有创业意向的大四学生提供资金、政策、办公场地、资源共享等支持。聘请创业导师、技术顾问，为大学生提供法律、税务、工商等方面的指导或咨询服务，帮助创业团队健康成长。高校应帮助学生搭建与社会资源对接的平台，促进创新成果的有效转化。

三、"链式"机制的实践保障

（一）完善创新创业教育制度体系

高校应建立创新创业教育的长效体系，采取有效措施培育创新创业的文化氛围，提高师生参与的积极性。科学规划创新创业教育专项资金投入，提供大学生创新创业一站式指导服务，保障大学生创新创业教育"链式"机制顺利开展。为鼓励和表彰具有创新创业意识和能力的学生，并激发和引领其他学生的创新意识，可以设立创新创业专项奖学金。创新创业任课教师指导学生创新创业工作量计入年度工作量考核之中，学生在创新创业竞赛中获奖可以获得教学考核加分和相应的奖励，以此来调动教师参与"链式"机制的主动性和积极性。建立创新创业训练工作室、创新创业训练营，积极构建以创新创业教育为基础、以创新创业训练为抓手、以校园众创空间为平台的创新创业模式。

（二）完善师资队伍保障机制

建设一支高素质、多元化的专兼职皆有的创新创业教育师资队伍，包括校内和校外师资队伍。积极组织教师参加高水平、高规格的创新创业教育培训，并邀请业内专家进校、进课堂开展专题讲座，以此开拓教师获得创新创业知识的途径。高校制订长期的师资培训计划，分批遴选相关教师参加创业进修培训，逐步提升创新创业教师队伍的理论水平和专业技能。聘请成功创业者，工商、税务、金融等领域的专业人士组成创业导师团，指导大学生创业实践，逐步建立和完善校内外指导教师专家队伍。

（三）拓展外部支持力量

大学生创新创业教育获得长足发展，需要得到多方力量的支持和保证，如高校、政府、企业、科研院所等，形成多方建设、共同发展的良好局面。以"校企合作"为助推，拓展外部资源的广泛支持。尤其要与当地的相关行业、部门加强交流合作，积极争取创新创业发展环境优惠政策，形成学校、政府、社会三位一体的创新创业教育联动机制。可以通过"请进来"和"走出去"两种方式来保证支持体系的实现，"请进来"即邀请具有丰富经验的创新创业人员进校讲座和定期授课，将社会工作中的创业知识技能融入大学理论课堂。"走出去"即组织教师、学生到具有创新创业特色文化的公司、企业参观学习，取长补短，弥补自身的不足。

四、"链式"机制的现实意义

（一）增强大学生创新创业意识，提升核心竞争力

大学生创新创业教育"链式"机制有效促进学生的专业学习，培养创新精神与创业技能，提升创业质量。在"链式"机制的促进下，延展学科竞赛的成效，培养与激发学生的创新思维、创业兴趣，锻炼与提升学生的创新创业能力，培养高素质综合型创新人才，提升学生的就业核心竞争力。

（二）促进创新创业教育与专业教育的融合

"链式"机制导向下，挖掘专业教育中的创新创业元素，培养学生的创新精神和专业素质，实现创新创业教育和专业教育的有机融合。引导和鼓励学生参加与专业相关的各类学科竞赛、创新创业训练，以赛促学、以赛促创，强化专业理论知识对创新创业教育的支撑作用。通过相关创新创业课程，进一步促进高校专业课程的深化改革和质量提升。

（三）构建创业生态链，为创新人才培养提供有力保障

大学生创新创业教育"链式"机制是将大学四年的思维启蒙教育、意识养成教育、能力提升教育、实践教育进行了有机结合，满足不同年级和学习层次水平的学生对创新创业教育的需求，充分发挥各链条主体作用，切实提升教育效果，实现了"一体化"人才培养目标。

随着国家和地方政府对创新创业项目的支持和建设，大学生和教师对创新创业的热情亦日益高涨，综合能力素质在不断提升。高校应加快完善科学规范、具有特色系统的创新创业教育体制，从根本上助推教育教学改革，加大创新创业教育软硬件方面的投入，培养更多符合时代要求的高素质创新创业人才。

第二章 大学生创新创业教育模式研究

第一节 基于实践导向的大学生创新创业教育模式

党的十九大将建设现代化经济体系列为我国经济发展的战略目标，强调加快建设创新型国家。这就需要高校能够根据市场变化适时调整人才培养方向，培育出更多能满足新时代发展需求的创新创业人才。我国大学生创新创业教育不但起步较晚，而且存在着一系列突出的问题，尤其是忽视实践环节，重理论轻实践、实践环节形式化、理论教学和实践环节脱节等现象的存在，严重限制了大学生个性和创新创业能力的发展。

一、大学生创新创业教育中的实践缺失

目前，我国大学生创新创业教育存在理论与实践脱节、实践平台短缺等问题，而这恰恰是大学生创新创业教育不可回避的关键问题。

（一）创新创业教育与学校的人才培养体系未能保持高度的一致性

目前，我国大学生创新创业教育仍然以操作、技能方面的相关活动居多，

且多数在课外进行，还未真正融入学校的人才培养体系，自然会与专业教育存在一定程度的脱节。造成这一现象的原因在于，高校在最初进行顶层设计时，没有充分地将创新创业教育考虑在内，没有将创新创业教育列入学校的整体发展规划之中。鉴于此，高校应将创新创业教育作为学校深化改革的着力点，并将其融入人才培养全过程。

（二）大学生创新创业课程体系需进一步完善

首先，长时间以来，在大部分高校中，创新创业教育一直被"边缘化"，其课程开设是零星的、不成体系的，课时较少，教学效果未能达到预期目标。其次，部分高校还没有清楚地认识到创新创业教育与专业教育两者之间的耦合性，未能将创新创业教育的内容有效地融入专业教学中，造成学生无法将所学创新创业知识运用于实践中去。最后，创新创业课程的开展存在时间上与空间上的限制性。

传统的学分制与授课方式往往使创业学生陷入两难境地。从事创业实践的学生，尤其项目负责人，普遍将主要精力用于创新创业项目实践，而无法分出精力进行专业课程学习。

（三）大学生创新创业教育实践环节的缺失

大学生创新创业教育的最高级形式是创业实践，创业实践也是提升大学生综合能力最有效的路径。但是，目前我国高校普遍存在对学生的创业实践资金投入力度不强、创业实践基地不完善、校企合作效果不佳等问题，使得创新创业实践活动流于形式。

（四）高校忽视了为学生提供相关服务

一方面，一些高校中拥有创业经历的教师和"双师型"教师数量不足。教师自身实践技能缺失，无力开展相关课程的教学，不能有效地帮助学生提高实践能力，无法有效指导学生进行创新创业。另一方面，一些高校比较重视在校学生的创新创业教育，而对于刚踏入社会的毕业生关心不够，后续服务跟不上。其实，刚毕业的大学生在创业初期常常会遇到各种问题，自身又缺乏创业经验，因此更需要母校的帮助与支持。

二、基于实践导向的大学生创新创业教育模式优化路径

（一）加强创新创业顶层设计，强调实践育人思维

加强高校创新创业教育顶层设计，首先，要满足学校深化改革、实现内涵式发展的需要，保持与学校人才培养目标和方案的一致性。其次，坚持以综合性、全局性为核心，在加强特色学科与专业建设的基础上，制定具有本校特色的创新创业教育模式。再次，凸显实践育人的能力，时刻关注政府、企业、社会以及学生的发展需求，并据此不断调试创新创业教育模式。最后，形成上至管理者，下至一线教师、学生都重视创新创业教育的良好局面。

（二）优化创新创业课程体系，突出实践育人内容

1.改良创新创业具体课程结构，探索分阶段实训教学

首先，创新创业课程的改良应满足创新创业教育开展的目的，即提升学生的创新意识、创业知识、创业素质、创业实操能力等，并据此开设相关课程，促进理论课程与实践课程的统筹协调。创新意识类课程开设的目的是激发学生的创意，培养学生收集信息与判断商机的能力，如创新意识与创新思维、大学生职业生涯规划等课程。创业知识类课程开设的目的是教授学生在现实创业实践中所需具备的知识，如企业融资、市场营销、公共关系等课程。创业素质类课程开设的目的是让学生掌握将一个个创意发展为创业行动的方法，如市场调研、典型案例分析等课程。创业实操能力类课程开设的目的是使学生在专业实

践中体验创新创业活动，如模拟创业、创新创业项目等课程。以上四类课程构成了一个循序渐进的创新创业课程体系。

其次，高校应将创新创业课程贯穿于人才培养的每一个环节。具体来说，创新意识类课程与创业知识类课程可以设置在大学一、二年级，这样能够有效解决此阶段学生缺乏创新意识与创业精神的问题，引导他们根据自身专业背景、兴趣爱好等决定职业生涯规划，摆脱迷茫，树立切合个人发展的职业理想。创业素质类与创业实操能力类课程可以设置在大学三、四年级，让学生在前两年专业学习与创新创业能力培养的基础上，找到正确的创业方向，有针对性地开展创新创业实践活动，进而深入分析现实创业中可能遇到的复杂问题。

2.促进创新创业课程与专业课程有机融合，实现两种课程的无缝对接

一方面，将专业课的内容引入创新创业课程。创新创业课程应具备专业属性，紧扣专业特点，为不同学科与专业背景的学生提供更具针对性的创新创业教育，以满足市场对人才能力、素质、知识与技能的要求。

另一方面，将创新创业教育内容纳入专业课程体系。一是专业课程教学作为人才培养最重要的环节，应以创新创业教育为切入点，不断深化课程改革，构建"创新创业＋专业"的新型课程体系。二是以特色专业为基石，在彰显专业特色的同时，适时融入创新创业教育内容，打造属于各高校的创新创业教育特色。三是在对专业课程教材进行改编或者教师在对教材内容进行二次加工的时候，可以适当加入一些创新创业教育内容，使学生能够依托专业背景获得与之相关的创新创业能力。

3.采取"必修课＋选修课"的模式，引入在线创新创业课程

首先，拓展课程资源，构建"必修课＋选修课"模式。高校应坚持"广谱式"理念，面向全体学生开设创新创业课程；同时，根据学生的专业背景、所就读年级的差异性开设多种课程，以供学生选修。

其次，当创新创业教育遇上"互联网＋"，便衍生出一大批包括慕课、微课、翻转课堂、网络公开课等在内的在线数字化创新创业课程，构建起以学生为中心的课程教授模式。这就要求学生主动进行课程预习，教师引领学生在课上进行讨论，学生课后完成任务以巩固学习成果，从而使创新创业能力从课程教学中切实培养起来。

最后，探索多学科交叉、跨学科选课模式，扩大学生的知识面。

4.优化创新创业课程运行方式，提高课程开展的灵活性

首先，采用参与式教学、探究式教学、典型案例专题讨论等课程开展形式，突出学生的主体地位，吸引学生积极主动地参与到课程中来，解决大班教学中学生参与度低的问题，提升学生的思辨能力与批判能力。

其次，采用完全学分制，探索将学生进行创新创业活动的情况按一定比例折算为学分的方法，即经过"学生申请—任课教师批准—学生公开答辩—学生成绩合格"这一程序后，学生能够在免修该课程的前提下获得相应学分。

最后，采用弹性学制，使学生根据创业的实际进展分阶段完成学业，甚至可以允许项目负责人休学，保留学籍，延长其修业年限，使他们安心地投入创业实践。

（三）构建创新创业"生态圈"，丰富实践育人方式

为了能够将各要素整合运用、促进创新创业价值的最大化，高校应探索"多位一体"的创新创业"生态圈"，以发挥多元育人的集约效应。

1.拓宽实践平台，促进创新创业项目"落地开花"

高校应借助政策优势，加大投入力度，建设创业基地，搭建众创空间，统筹政府、社会等多方力量，为大学生参与创新创业实践拓展空间。

2.开发校友资源，发挥校友的示范引领作用

高校应建立与完善校友会，定期组织校友之间以及校友与在校生之间的交流活动，帮助在校生解决有关创新创业的困惑；邀请校友回校，使其将自己的创新创业成果与经验分享给在校生，为在校生创新创业活动的开展注入"强心

剂"；发挥校友的榜样力量，邀请他们来校担任兼职就业导师。

3.深化校企互动，引入第三方合作

一方面，高校可以加强与企业的深度合作，发挥成功企业家的榜样力量，邀请他们担任创业导师或兼职教师，为学生带来真实的创业经历与经验分享；发挥科研优势，引企业入校，校企合作共建科研机构，从而为学生带来更多的实践可能；拓展合作渠道，将教学场域拓展到企业。另一方面，高校可以加强与社会第三方的合作，如社会组织，为学生创新创业项目提供资金支持、项目评价等。

4.丰富社团活动，发挥创新创业大赛的培育功能

一方面，高校应积极支持建立大学生创新创业社团，并加强管理，使其能够规范、健康地运作；另一方面，高校应积极组织学生参加各类创新创业大赛，培养学生利用专业知识解决实际问题的能力，提高学生的创新创业能力。

（四）完善创新创业"一站式"服务，强化实践育人作用

1.加强专兼职教师队伍建设

高校应加强专兼职教师队伍建设，促进教师理论水平与实践能力的同步提升。例如，聘请创业成功人士或校友来校担任专兼职教师，并承担起为在职教师提供相关培训的工作；搭建学习交流平台，让在职教师有更多的机会去企业挂职，从而能够更好地开展创新创业课程教学；将创新创业教育开展情况纳入教师考评，等等。

2.提供"一站式"创新创业服务

高校应为学生提供"一站式"创新创业服务，保障学生创新创业活动的顺利开展。例如，完善大学生创新创业指导中心的职能，学生在创新创业过程中遇到问题时，知道该去哪里寻求帮助；完善信息服务体系，使学生能够及时获取外界信息，实现内外联动，强化实践育人；完善对刚毕业大学生创业实践的跟踪服务，为他们提供及时的帮助，引导他们度过创业初期。实践活动与大学

生创新创业教育之间存在一定的耦合性，实践活动不仅丰富了学生的课外生活，使创新创业的"种子"在实践的"沃土"上生根发芽，而且使学生提升自身的创新创业能力，为今后的职业生涯发展奠定良好的基础。基于高校创新创业教育中的实践缺失现象，从实践育人的思维、内容、方式、作用等方面出发，探讨加强顶层设计、优化课程体系、构建"生态圈"、完善"一站式"服务等大学生创新创业教育模式的优化路径，以期促进高校创新创业教育发展。

第二节 分享经济时代的大学生创新创业教育模式

目前高校是我国培养创新创业人才的重要基地，很多高校都开设了创新创业课程来提高大学生创业的积极性。从目前的发展现状来看，很多高校的大学生创业意识已经得到了一定程度的增强，但是大学生的创新创业的经验及社会经验都比较缺乏，因此大学生在创新创业过程中仍旧会面临很多的问题，大学生的创新创业成功率较低。

一、分享经济时代创新与创业的关系

（一）创业靠创新来推动

一个好的想法变为现实，必须落实在具体行动中，创业是靠创新来推动的，想把脑中的创新意识转化为现实成果，就要通过自主创业的方式来完成。进一步明确创业的思路与模式，与时代的经济情况相接轨，站在时代的最高处思考，找到最可能的出发点来行动。

（二）创新创业体现价值

创业指的是能够进一步地增加经济价值的一种开拓性的活动。创业能够把各种想法转变成现实的经济财富，要想达到最终的目的，就必须通过各种方式来使想法变为现实，通过各种行动来更好地达到为社会服务的目的。

（三）创新靠创业来深化

大多数的创新成果，比如各种创新的理念，都是通过行动来推动实施的，创业能够把各种理念不断地深化，在这个过程中把各种想法和意识进一步强化，如果创业能够成功，也会在一定程度上推动国家的创新创业事业的发展。

二、分享经济时代大学生创新创业教育的必要性

（一）创新是国家建设的需要

创新是一个国家发展的动力，在国家发展的历史长河中，一个国家的科技要想得到发展就必须要勇于创新。目前的国际竞争形势非常激烈，国际竞争的实质就是人才的竞争，一个国家要想提高自身的科学技术水平就必须要有大量的人才。学校是培养人才的场所，学校的主要任务就是培养有能力、有想法的人才，这些人才能够满足现有社会发展的需求，并具备一定的创新创业能力，能够利用自身的知识优势来为国家作出更多的贡献，推动国家的科技进步，从而进一步为国家的发展作出自己的贡献。

（二）提高高校资源利用率

目前，我国高校的资源分配存在着不平衡的问题，主要表现在软资源的分布十分不平衡。很多高校花费大量的人力和物力来加强高校的硬件资源建设，但是与此同时却忽略了高校的软资源建设，这种发展的不平衡也导致高校的资

源利用率非常低。与此同时，这些高校的人才质量也存在较大区别，人才的数量与人才的质量分布非常不平衡，随着近些年来高校的扩招，高校的学生数量在不断增长，但是高校的学生质量却没有随着数量的增加而提高。为了解决这些问题，高校必须要对自身的制度进行改革，将改革理念落实到学校的制度建设中，保证学生质量的提升。

（三）提高高校人才培养质量

相关的数据调查结果显示，大多数学校的毕业生在学校里学到的知识很难满足社会的需要。很多学校在对学生的培养过程中都会强调理论知识的学习，而在一定程度上忽略学生在实践中获得知识的办法与能力。这种现状也造成了大多数学生实践动手能力比较弱，因此高校必须要加强学生实践动手能力的锻炼，在重视学生理论知识学习的基础上加强实践能力的培养，为社会提供更多高素质、高能力人才。

三、分享经济时代大学生创新创业教育存在的问题

（一）高校对创新创业教育的认识不到位

目前，我国很多高校开设了创新创业教育课程，这些教育课程有着非常重要的地位。但是从目前来看，大部分高校并没有把创新创业教育能力的培养当作工作的一部分，创新创业教育被看作一个孤立的教育方式。与国外的一些发达国家相比较，我国的创新创业教育起步比较晚，由于思想观念的限制，很多学校开设各种创新创业教育课程较晚，这导致现在大部分高校教师和学生对创新创业教育的认识还不够，从而导致创新创业教育发展缓慢。

（二）创新创业教育形式单一

近年来，很多学校都通过设置选修课的方式来开展创新创业教育，但是这

种教育方式的缺点是课程设置比较单一，而且课程比较枯燥。一些学校设置了大学生就业指导相关课程，但是在这些课程的教学过程中往往是教师根据企业管理的内容来讲授，课堂教学的案例大多数都是一些成功企业家的经验，这些成功经验很难在大学生创业过程中得到应用。教育方式都非常单一，甚至只停留在一些创业计划书的撰写层面，很多学校没有一个系统完善的创业实践环节，这种现象导致很多大学生的创业素质不高，很难适应社会发展的需要。

（三）师资不足导致创业教育偏理论化

目前，我国大部分高校的就业指导课程大多数都是由负责学生工作的校内工作人员来讲授的，他们在上课时大多是宣传一些就业政策和就业形势等知识。这些教师在上课时都有一个共同的特点，就是单纯讲授理论知识，因为他们自身缺乏创业的经验和经历。但是创业教育必须要重视实践，如果讲授教师没有自身的实际经历做对照，就无法把握创业的精神实质。

（四）大学生自身问题，导致创业成功率低下

很多在校的大学生缺乏各种管理知识和法律意识，很多学生都是在学校学习了专业基础知识而缺乏实践能力，这种情况导致大学生创业的成功率非常低。其实创业成功必须有资源的支持，各种人脉资源、智力资源、产品资源等，都是创业成功的重要保障，但是大学生在创业过程中都是只拥有一个好的想法，而只有一个好的想法就匆忙创业很难成功。

四、分享经济时代大学生创新创业教育模式的发展路径

（一）以创新创业教育理念构建人才培养体系

1.转变观念，明确自己的定位

各个高校的教师和工作人员都必须把创新意识和创业精神的培养作为教学过程中的重点，在大学生培养过程中应当同样注重培养创新意识。创新创业教育是一种综合的素质教育，它的主要目的是为社会培养更多的综合性人才，为社会发展贡献力量。

2.加大宣传力度

目前，高校是实施大学生创新创业教育最好的平台，因此，创新创业教育理念也应当在校园文化建设过程中占据一部分。学校提高学生的创新创业素质，也可以通过举办各种活动来实现。比如可以举办各种创新创业大赛来鼓励学生积极参加创业，通过新的方式来增强学生的创新意识和创业意识，让创新创业教育文化融入校园文化，让创新精神和创业精神成为校园文化的重要部分，培养学生的校园文化意识，进一步影响学生的观念，以此来增强学生的创新创业意识和能力。

（二）深度融合创新创业教育与专业教育

1.将创新创业教育纳入课程体系

目前，我国大多数高校的创新创业教育都是以开讲座的方式来进行。这种教学方式很难提高教师和学生对创新创业教育的重视程度。因此，学校可以对创新创业教育模式进行改革。可以把创新创业教育课程设置为学校的必修课，加强学生创新创业理念，让学生在对课程的学习过程中逐步形成创新创业的意识和理念，从而把这些想法转化为实际行动，鼓励学生在毕业以后能够开展各

种创业活动。

2.形成一种新的创新创业教育课程模式

目前，我国的很多学者都认为应该把创新创业教育融入高校课程设置，但是在具体的实施过程中，这种更加详细的融合会陷入一定的困境。把创新创业教育与专业教育全面综合起来，就必须要对现有的教学体系进行全面变革，这种变革需要大量的人力、物力，也需要大量的时间和精力。在这种体系的构建过程中很容易形成不平衡的局面，很多学校在变革的过程中很难准确地调整好创新创业教育的地位，大多数学校也会在一定程度上忽略专业教育的地位。因此，要想这种新的课程模式得到最终的实施，就必须要对各个细节进行更多的推敲与完善。

（三）加强创新创业师资队伍建设

高校要建设创新创业教育的师资队伍，就必须对教师提出更加严格的要求，这也需要教师有更加强大的知识背景和能力。因此，教师必须具备一定的创新创业素质。

1.加强创新创业教育教师队伍建设

高校要对教师的能力有清楚的认知，应当根据学校的实际情况组建一支专业更加齐全、结构更加合理的专职教师队伍。这些教师必须要拥有扎实的基础知识，同时也应当对本专业领域的各种创新创业实践案例有自己的理解，可以将这些创新创业实践案例融入专业课的教学过程，让学生在掌握专业知识的同时，增强自身的创新意识和创业意识。

2.形成校企合作的良好教学模式

学校可以从校外聘请一些具有实际工作经验的高级技术人才做学校的兼职创新创业课程教师。这些兼职教师有较强的实践能力，可以更加专业地解释学生在学习过程中遇到的各种问题。这些单位也可以给学生提供相应的实习机会，让学生通过在企业内参加各种实践工作来加深对企业经营的了解，这种方式更加有利于学生日后创业工作的开展。

（四）提高创新创业教育实践水平

大学生创新创业教育水平的提高不仅需要国家各种政策的支持,也需要政府加大资金支持力度。政府可以设立一些专项资金供大学生创业所用,通过这种方式鼓励更多的大学生进行创业活动。政府可以通过各种方式支持学生参与相关创新创业项目,对大学生创业过程中遇到的各种困难,也应当尽可能地提供相应的帮助,鼓励更多的大学生实现自己的创业梦。学校也可以与当地的各个部门进行沟通,了解当地的经济发展需求与特点,为学校内部的各种创业人才提供更多的参考意见。

学校应当鼓励学生在加强理论知识学习的同时增强自身的实践能力,深入实际工作环境,为自己日后的创业积累更多的经验。

目前,我国的很多高校为了鼓励大学生创业设立了创业基金,学校也从很多方面尝试营造校园创业文化,希望通过这种方式激发大学生创业的积极性。大学生创业活动能够在一定程度上缓解我国目前的就业压力。但是目前我国的大学生创新创业教育事业仍处于起步阶段,有着很大的发展空间。因此,高校也应当从不同层面来发掘创新创业教育的模式和途径,激发学生创业的热情与积极性。

第三节 校企合作视域下的大学生创新创业教育模式

随着经济的发展,越来越多的大学生改变了传统的就业观念,加入了创业的行列,但是一些大学生的创业理论较为落后,很难满足实际操作的需要。因此，为了解决这一问题，很多学校通过与企业合作的形式来对大学生进行创新创业的指导，以提升大学生的创新意识和创业实践的能力。

近年来，随着大学生数量的不断增长，就业的压力越来越大，很多大学生毕业后都选择了自主创业。为了帮助学生树立正确的创业观，很多学校都开设了就业指导课程，通过案例分析对学生进行引导，与此同时，还与一些企业进行深度合作，以便更好地将理论与实际相结合，联合创办一些创新创业基地，为学生提供资金和技术上的支持，帮助大学生完成角色转变，鼓励大学生创新创业，加强大学生的创新意识，提高大学生创业成功的概率。

一、校企合作视域下大学生创新创业教育的必要性

（一）实现人才培养目标

教育的目的在于培养人才，通过人才的培养推动技术的发展创新，从而推动我国科技的发展，建设创新型国家。近年来，国家提出了以创业带动就业的发展理念，因此，高校需要通过创新创业教育，引导一些劳动者变成创业者。对传统的教学模式进行创新，必须面向应用、市场、社会，积极与企业合作，完成学生能力的转化，形成一站式的人才培养模式。校企合作下的创新创业教育，能够使学生认识到创业的重要性，激发大学生创业的积极性，从而完成人才的培养工作，促进大学生的全面发展。

（二）提高教师队伍水平

针对大学生创新创业教育教师水平较低的问题，学校可通过与企业进行互动合作有效解决，在校企合作的过程中，企业不仅可以对大学生进行指导和培养，对任课教师也可以进行培训，建立可持续发展的人才培养机制。在国外，很多大学教师都有创业的经历或者在公司工作的经验，深谙企业运营和管理之道。创新创业教育需要教师有丰富的阅历与经验，教师个人的经历影响着课程

的效果，因此，高校在建设教师团队时需要注意教师的实践经历。高校与企业进行深度合作，除了可以对教师进行培训，还可以聘请企业中的一些专家担任学校的兼职教师，这可以极大地提升教学的专业性与时效性，保证创新创业教育的质量。

（三）激发大学生创业兴趣

近年来，国家对大学生创业越来越重视，出台了很多政策，以鼓励大学生进行创业。但由于传统观念的影响，大学生的创业意识还是比较薄弱，并没有形成创业的风气，自主创业并不普遍存在于大学生的职业规划中。因此，需要在校园中形成良好的创业风气及文化，使大学生产生创新创业的意识，充分调动大学生创业的积极性。高校可以通过与企业合作，开展一些培训活动，举办创业大赛，将企业作为学生创业的一个实战演练场所，让大学生与创业近距离接触，改变大学生的择业观念。从而使大学生将创业作为职业规划中一个重要的方向，从根本上解决大学生创业比例低的问题。

二、校企合作视域下大学生创新创业教育模式的构建

高校教育是培养人才的重要环节，企业需要提高自身在其中的参与度，发挥自身在应用型人才培养中的主体作用，充分整合、优化自身的资源，与高校的优势相结合，为大学生培养创新意识及创业能力打造一个更加完善的平台。校企合作开展创新创业教育可以从以下几个方面出发：

（一）建设实训基地

为了更好地开展创新创业教育，高校应与企业合作，建设一些创新创业实训基地，从根本上解决大学生创业难的问题。虽然很多大学生都有创业的想法，但是对创业的流程并不是很了解，对项目的选择、资金的筹备、场所的租赁等

都无从下手。因此，高校与企业合作建设创新创业实训基地具有十分重要的意义，高校为实训基地的发展提供技术上的支持，而企业则需发挥其在经济上的优势，两者的合作可以为大学生创业者解除后顾之忧。实训基地还可以为大学生提供实践机会，使学生得到企业专家的指导，有效解决传统创业教育中教师创业经验过少的问题。除此之外，企业还可以与高校合作，开展一些创业项目，使大学生参与进来，在实践中积累经验，激发创业灵感。

（二）企业开发课程

为了更好地开展大学生创新创业的教育工作，高校应该加大与企业的合作力度，尽可能与企业的优势相结合。传统创新创业教育的课程设计中，存在很多不合理的地方，单调乏味的案例分析，枯燥的创业理论，都会降低大学生的创业兴趣。因此，高校应让企业参与创新创业课程的开发工作，提升创新创业教育课程的实用性，结合不同专业的特点，设计个性化的创新创业教育课程，通过高校教师与企业专家的交流与探讨，将优势融合，优化教学方法和教学模式，还可以校企合作开发相关网课与软件，提高大学生自主学习的积极性，使大学生通过网络平台提升自己的创业能力，使大学生对各个创业阶段都有全新的理解，逐渐消除大学生对创业的恐惧，使其熟悉创业，爱上创业，为未来的创业活动打下坚实的基础。

（三）搭建孵化平台

在高校与企业的合作过程中，还需要与时俱进，为大学生提供更多的创业平台。建立创新创业教育模式的最终目标就是搭建孵化平台。高校中有很多管理能力和创新能力都很出色的大学生苦于没有平台施展自己的才华，而高校与企业的合作恰好能够解决这个问题。孵化平台的作用就是为创业项目提供孵化服务，通过企业来为大学生创业提供资金上的帮助，主要形式有项目合作、资金注入等。在企业为大学生提供帮助的同时，高校还会对学生创业提供技术上的扶持，这种双管齐下的发展模式极大地提高了大学生创业的成功率。因此，孵化平台在大学生创业过程中发挥着不可替代的作用。

高校与企业共同开展创新创业教育，大力培养创新型人才，是一种以市场和社会需求为导向的发展模式。校企合作可以充分结合高校和企业的资源优势，帮助大学生提高创新创业的能力，为大学生创业提供良好的环境。与此同时，国家也要大力支持大学生自主创业，通过推行一些优惠政策，鼓励大学生进行创业。总之，只有形成大学生、高校、企业、国家共同参与的创新创业发展网络，才能提高大学生创业成功的概率，更好地为校企合作下的创新创业教育提供动力，形成良性循环。

第四节 大学生创新创业教育模式

在国家提出创新创业的背景下，创新和创业被广泛重视，创新和创业教育也被许多高校列为重点。在大学生的创新创业教育中，需要大学生自身、学校、社会和国家的共同努力。学生需要提高个人的水平，社会各界也需要密切关注学生的创新创业教育，给学生创造更好的社会环境，国家要提供一些必要的政策来扶持创新创业的教育工作，共同推动创新创业教育的发展。

创新创业教育模式的建立不仅仅是为国家培养创新型人才，更是为了推动社会和国家综合实力的发展。

一、高校进行创新创业教育的必要性

（一）有利于提高教学质量

如今，经济发展越来越快，很多高校都会扩招学生，但是教育的质量却没有从根本上提高，一些实力较强的高校教学制度相对比较完善，师资也比较强大，所以在教学质量上没有太多的影响，但是，部分高校在自身教育制度并不完善的情况下进行扩招，缺乏特色专业，这就使得很多学生在毕业的时候面临较大的就业压力，并且还会因为专业无特色、专业水准不高而被企业淘汰。所以，各个高校应该在创新创业的背景下，重视创新创业教育，注重培养有理想、有胆识、有知识的创新型人才。高校重视创新创业教育模式，不仅能够改革教育制度，还能够减缓学生的就业压力，提高自身的教育质量。

（二）有利于提高学生的素质和能力

在互联网技术发达的背景下，大学生多数比较有个性，但是在社会中的生存能力较差，创新创业的能力较差，也没有能吃苦的精神，所以在社会上很难立足。毕业以后找不到合适的工作，这不仅仅和专业知识有关，主要还是因为学生的其他素质也相对较差，比如眼高手低，且工作理念出现问题，创业的学生往往也是因为自身创业方面的知识不够而失败。因此，高校重视创新创业教育模式的建立，能够在一定程度上提高学生在创新创业方面的专业素养，让学生能够有自己的专业特色，提高学生的创造、沟通、合作等能力。

二、创新创业教育发展的建议

（一）大学生转变就业的观念

在发展的21世纪，不管是在社会中还是在校园里，都要重视创新创业教育，创新创业教育不仅能够提高学生的知识水平，还能够培养学生吃苦和冒险的精神，所以，高校和社会都应该抛弃原有的就业观念，可以通过举办创业比赛等方法，不断地鼓励学生积极参加创业，增强学生对创新和创业的认识。

（二）大学生全面提高综合素质和能力

如今，只有部分大学生会积极地参与创新创业，但是，多数情况下会因为自身缺乏综合能力而失败，所以大学生自己要有思想和觉悟，不要因为外界的干扰轻易放弃创新创业，要全面地提高自己的综合能力，同时还要具备专业的技能等。不仅仅是学生自己要注重，高校也要注重对这些能力的培养，为学生以后的创新创业打下基础。

（三）高校完善创新创业教育的管理机制

要想完善创新创业教育模式，高校首先应完善管理机制，明确校内各个部门的职责，各部门不仅要各司其职，还要加强沟通，定期整合教育资源，定期讨论管理中的问题和优点。井井有条、完善的管理机制是创新创业教育开展的关键。

（四）高校强化师资力量，提高教师专业水平

教师的专业能力影响着学生的专业能力，所以，要想培养出创新创业能力强的学生，就必须提高教师的专业水平。高校可以聘请一些专业人才到校内进行授课，也可以培养校内的教师，定期对教师的授课水平进行检测，及时作出修正；定期举行创新创业知识讲座，不仅能提高教师对创新和创业的认识，还能够增强学生的认识。还要注意的是，不仅要提升教师的专业水平，还要促进教师的思想的转变，摒弃传统的教学观念，树立新的以创新创业为主的观念，重视实践。

（五）政府和社会为学生创造良好的创新和创业的环境

政府要不断完善政策制度，在政策上支持学生的创新创业实践，可以为学生提供免息贷款或资金补助，在资金上全面扶持学生的创新创业活动；社会企业应该多为学生提供实习岗位，安排学生参与人事管理等，切实帮助学生了解社会，了解管理工作等，在工作过程中引导学生明白创业的风险，为学生顺利进行创新创业活动打下基础。

大学生创新创业教育模式在发展的过程中还存在着一些实践效果不佳、创新创业环境差、教师专业能力相对较差等问题，所以大学生创新创业教育模式也要不断创新，政府要加强监督力度，落实创新创业教育模式的建立；高校要尽量多地开展相关知识讲座和课程，让教师和学生的认识共同提高，通过不断完善和发展，发挥大学生创新创业教育模式的积极作用。

第三章 新时代的大学生创新创业教育

第一节 我国大学生创新创业教育现状分析

一、创新创业教育的战略引领亟须强化

在当今的世界潮流下，创新创业能力培养的重要性已经成为社会共识，创新创业教育在各国教育中的地位也越发重要，然而在产生根源和培养目标上的差异，导致创新创业教育在施行过程中存在着显著的差异。

美国的现代高等教育经历了一个充分的市场化过程。美国高校中与创新教育相关的课程和教学模式，一开始仅是少数学生和教师的一种开拓性尝试。因此，在产生初期，美国的高校可以有一个较为充分的孕育过程。随着这种尝试取得了社会效益和经济效益，这种开创性的教学模式得到了学校各个层面的认同和支持。高校与之相配套的制度、文化等得到完善，创新创业的实施拓展到高校的各个层面。当"创新创业"成为高校这个生态系统里的新常态，创新创业教育就能够自然而然地得到高校各个层面的有力支持。此时，高校与企业合作开始建立一种长期、稳定的合作关系，进而获取学校层面无法获得的资源。当这种合作取得了良好的社会效益和经济效益后，高校开始重新在战略层面定位创新创业教育，创新创业教育进一步被认同，成为与学生全面发展密切相关

的一部分。学生创新创业能力的培养开始内化为高校人才培养的重要途径，创新精神真正融入高校的精神内核，高校从内到外形成了一个稳定且持续拥有信息交流、资源交换功能的生态系统。自此，美国高校建立了一套成熟的关于创新创业教育的模式。

与美国相比，我国的情况有着显著的不同。经过十余年的发展，我国高校的创新创业教育实现了从简单倡导向系统化扶持的转变。但是，我国高校的创新创业教育最初缘于大学毕业生就业上的压力，对创新创业的诉求在一开始是较为被动的。围绕着提高大学生就业率、缓解大学生就业困难而搭建起来的创新创业教育体系有着一定的功利色彩。与西方国家的创新创业教育相比，由于缺乏来自高等教育内部原发性的诉求，高校在创新创业人才培养目标上产生了混乱。总的来说，我国高校的创新创业教育在整体上仍处于起步阶段。

（一）创新创业教育理念实施不够精准

创新创业教育目标的不明确使得创新创业教育的理念受到局限。创新创业教育首先要培养受教育者形成具有创新性的意愿和个性，而后则使其具备基本的创业技能和企业管理技能。由于缺乏对这两点的共识，我国高校的创新创业教育目前正呈现出一种"为了创业而创业"的状态。

1.对创新创业教育的理解较为片面

在当前的大环境下，从教育主管部门到高校师生，对"创业"的认识仍较为片面。这种片面主要集中在以下三点：

（1）部分教育主管部门把创新创业教育定位为引导和教会学生如何开办企业，无论是对创新创业知识的学习，还是对创新创业能力的培养，都被自然地归到了高校毕业生就业指导工作上，对创新创业教育的期望也是缓解就业压力。

（2）有些教师把创新创业教育认定为针对少数人的个性化或精英教育，属于第二课堂的辅导项目，由于与主要的考评体系脱钩，往往在实施落地的时候应付了事。

（3）许多学生把创新创业简单地理解为"办企业，当老板"，并不认为创新意识的培养和创业能力的提升能够真正提升自身的综合素质。

2.对创新创业教育的工具主义倾向

因为创新创业教育具有实践性较强的特点，在达成共识前，创新创业教育极易被简单化，即被当作个体获取某种实际好处的工具，而现阶段这种教育模式也得到了我国众多高校的认可。例如，以创业基地或孵化器的模式于各高校中进行创业教育的创新型体验，以此对创办微小型企业或经营有关项目的学生进行有效指导；采用"创业大赛"的形式组织学生参与竞赛，推广创新创业教育；为了满足学生对掌握技能的需求，开办创业类课程，过于关注实训和操作层面。上述种种情况折射出的是将创新创业教育工具化的倾向。在这种"实务"教育之下，实现创新型人才的培育和企业家能力的培养都是十分困难的。

实际上，创新创业教育在开展的过程中，并没有有效地融入高校现有的文化氛围当中，它作为一种"外来物"，没有获得校内各方的认同，创新创业被割裂开来对待。由于缺乏在学术上创新的原动力，创业行为变成了为创业而创业，创新创业教育则很容易沦落为一种获利工具。

（二）创新创业教育政策体系不完善

政策体系的基本特点就是其自身是一个内在统一的有机整体，但纵观当前我国大学生创新创业教育政策体系，呈现出明显的碎片化特点，尚未形成一个内在统一的有机整体，这突出表现在以下两个方面：

1.高校创新创业教育政策出自多个部门的政策文件

高校创新创业教育的相关政策，虽然都是站在高校的层面上考虑，但实际上并没有形成统一的政策制定和发布主体。受教育者希望得到的扶持是多元、均匀的，涉及从资金、政策，到信息，再到社会环境等的一系列诉求，单靠一个部门来满足这些诉求显然具有较大困难。在高校内，与大学生创新创业相关的部门包括教务处、学生处、就业指导中心、各学院等。创新创业教育的政策零碎地存在于各个部门制定的文件与要求中。在构建大学生创新创业教育体系之初，各个部门大多是各自为政，独立地发布要求和主张。随着大学生创新创业教育体系的不断完善，虽然高校意识到不同部门需要联动和协作，联合发布一些政策，但从整体上来看，由于政策的推行者来自各个部门，所以其对大学生创新创业教育的政策设计缺乏全面性和系统性。就算是不同部门共同制定有关政策，各部门也大多从自身的角度出发，进而导致政策的设计出现零碎、散乱的现象，即使统一从政策的内核出发，也大多无法统一表达。

2.创新创业政策主要体现在就业政策中

就创新创业的政策而言，只是三三两两地出现在各种通知、规定或者就业的文件之中，而以大学生为主体的创新创业政策是极少的。地方政府对创新创业教育所起的作用主要集中在政策、技能、资金的支持及风险防控上，这些层面上的支持并不是一劳永逸的，它应该更具有长期性和连贯性，这样才能使创业者在创新创业的实践过程中更有效地开展行动并确保成效。以创新创业促进就业，这种功利性的考虑使得在上层设计中对政策目标的考量不够长远。从本质上来说，这种政策支持并非扶持创新创业，而是旨在解决就业困难的问题。以创新创业带动就业的思维模式，直接使得相应的政策设计有着明显的应急和临时的特点。当就业形势紧张时，政府就会制定一些激励大学生创业的临时政策来缓解就业压力；而当就业形势发生变化时，政府又会根据实际情况来制定相应的措施。政府相关部门的政策有着明确的功利考虑，对基层创新创业教育的开展必然产生负面作用，创新创业教育也就自然无法持续、稳定地发挥其应有的作用。大学生创新创业教育的发展需要从整体的角度进行思考，如何整合创新创业教育生态系统内部的资源、充分发挥创新创业教育生态系统内部不同要素之间的作用，保持创新创业教育生态系统对外部环境的开放，这些对创新创业教育未来的发展具有十分重要的意义。

创新创业教育应当从个体生命成长的角度出发，将维系和促进每一个学生创新创业意识的觉醒、创新创业精神的培养作为创新创业教育的根本任务。在创新创业教育系统的发展与运行过程中，各种要素间的协同也必须以为学生提供服务为主导。教育者应当从观念、组织和制度等不同层面真正转型，将创新创业作为一所高校的重要理念，将高校的内部变革与创新创业教育、创新创业活动实践结合在一起。高校应以营造创新创业教育生态系统的内外环境为主，重视大学生创新创业教育和活动之间的相互渗透与相互结合，注重大学生创新创业观念的培养和热情的激发，创造一个适宜的内部环境，使大学生能够积极主动地接受创新创业教育。

二、创新创业教育的内外保障体系亟待完善

创新创业教育是政府、企业、高校、家庭和学生多个要素相互联系、相互作用、相互支撑的一个协同系统。

（一）尚未充分发挥政府的主导作用

总体来说，不少政府机构尚未通过制定政策、引导舆论、建立机构、协调关系和提供资金等方面为高校创新创业教育创造有利的生长条件和良好的外部环境，创新创业教育领导机构的主导作用有待强化。

1.政策机制的导向作用

政府要做好宏观指引，建立健全大学生创新创业教育相关机制。目前的大学生创新创业教育相关政策存在与实际情况具有一定差距、惠及面偏小、部分创业支持方式不接地气等问题。

2.创业教育的激励作用

政府要加大对高校开展创新创业教育的激励力度。例如，从师资培养、课程建设和职称评定等方面引导高校教师积极投入创新创业教育。

3.引导整合创业资源

政府要整合相关职能部门的资源，为大学生创新创业教育完善渠道和平台，引导资源的有效利用。目前存在高校孵化器之间的交流程度低、资源重复

利用率高、各自为政的现象普遍等问题。

4.企业与高校之间的"桥梁"和"枢纽"作用

例如，由企业开创"创客基地""创业论坛"等，让学生走进企业、感受企业，激发学生的创业灵感。

（二）政策支持与高校实际需要之间没有充分契合

现阶段，政府政策支持的重心与高校实际需要还存在偏差，这在一定程度上导致"制度性压抑"。近年来，政府出台了很多有关创业优惠及扶持的政策，但政府制定政策的主要目的在于缓解就业压力，政策大多数是针对准备创办实业的在校生或毕业生的，如为其提供小额贷款及税收优惠，没有覆盖到全体教育对象，对就业机遇较好或已经就业的大学生而言吸引力不足。再者，政府作用的发挥应该惠及或者适用于绝大多数的在校大学生，没有创业经历的大学生群体有更多的需求需要满足和支持。因此，政府在政策扶持、信息咨询及项目支持的作用发挥方面尤为重要。

1.部分政策没有得到有效贯彻执行

以高校为例，在支持大学生创业的工商注册问题上，大多数创新创业团队希望利用学校作为注册地，但由于学校的土地性质为教育用地而非商业用地，需要办理一系列复杂的手续，且学校必须承担相应的责任，土地才可作为商业用途，所以大多数创业企业只能在高校以外的社会孵化基地落地。再如，各地普遍出台了小额担保贷款、大学生税收优惠、资金补贴和场地安排等扶持政策，由于部分政策并不能有效实施，创业的环境也并不理想，所以在实际经营中，经营的成本会增加，为了与这些实时变化着的创业环境和政策相适应，大学生创业规模在扩大时会受到一定影响，其创业的发展也会受到制约。

2.部分政策与创业主体之间存在信息不对称

虽然我国教育部颁布了一系列支持大学生创新创业的政策，并且一些政策已实施多年，但有相当一部分创业的大学生对政策不太清楚，在创业过程中没有享受到应有的福利或支持，部分政策与创业主体之间信息不对称的问题仍然存在。

（三）高校与外部环境的协同程度低

高校在开展创新创业实践活动时，与政府或企业共建创新创业教育平台的仅占少数，与企业之间的创新创业教育合作仍有很大的发展空间。高校与外部环境的协同程度偏低，需要寻找更多的"切入点"和"共同点"。

社会和企业对创新创业教育缺乏实际支持。当前，创新创业教育的最大问题在于教育内容与实际状况有偏差。一方面，从企业、高校和社会的联系来看，存在沟通渠道不通畅、对社会需求的反应不够迅速等问题。相对而言，高校在捕捉市场动态、分析市场需求等方面不及企业高效、快捷，从而在创新创业教育方面存在一定的滞后性，需要企业进行相关信息的补充或更新。另一方面，很多企业并不认为高校的创新创业教育会对企业的发展有促进作用。虽然一些企业和高校签订了实习协议，但通常学生只是参观或者进行蜻蜓点水式的操作。企业和高校往往重视程度不够，企业没有提供专门的创业导师、创业扶持资金，也没有提供创业论坛、创业实习基地等有效平台，高校与企业之间欠缺为学生提供项目、资金和场地等的长效机制和渠道。

（四）高校内部对创新创业教育的共识有待增强

高校内部各主要部门未能对创新创业教育形成共识，导致在制度层面、实施层面、协作机制等方面存在一定程度的不足。

1.制度有待完善

一是缺乏对创新创业教育的顶层设计，实施路径不清晰。二是制定的部分政策不具体，缺乏针对性和实效性。虽然政府出台了一些鼓励大学生创业的政策，但这些政策真正落实起来不仅程序繁杂而且成效不理想。

2.实施的力度不够

部分高校未将创新创业相关课程列入必修课，未突出对大学生创新精神、创业意识和创业能力的培养，可供大学生选择的创新创业教育课程不多，创新创业教育师资队伍相对薄弱，教师指导学生开展创新创业的积极性不高，学生创业实践基地的孵化能力及聘请的创新创业导师不能满足学生的需要。

3.活动的深度和广度有待拓展

从创新创业氛围的营造来看，虽然不少高校会举办创新创业大赛、创新创业讲座，通过各种媒介对创新创业学生典型进行宣传报道，但影响面和影响深度还不够。创新创业大赛停留在选拔创新创业精英的层面上，参与创新创业大赛的学生较少，未能形成学生广泛参与、创新创业意识深入校园各个角落的局面。对创新创业政策、典型人物的宣传基本停留在校园网的一两篇报道、宣传栏的一两张海报上，没有形成广泛关注、全校联动的长效机制，未形成学生广泛投身创新创业实践的热潮。

4.创新创业孵化协作机制有待健全

目前，高校内部协作的各环节因发展水平差距大、运作步调不一致等，问题比较突出，不能满足孵化机制全面运行的需要；未能发挥校级创新创业教育领导小组的决策职能；教务处、学生处、科技处、就业指导中心等协同运作的效率低，齐抓共管的良好格局尚未形成，存在补位缺失、工作重复等现象。

5.创新创业教育共识有待形成

创新创业教育的各环节对创新创业教育的评价体系缺乏一致性认识，造成资源浪费和对重点项目投入不足。部分教师对学生创业不认同，认为学生的主业是学习，不鼓励学生创业。

（五）社会对创新创业教育的认识有待转变

社会大众对创新创业教育见仁见智。有人认为，创新创业教育就是要培养企业家，甚至政府部门应以高校应届毕业生"创业率"作为创新创业教育的衡量指标。当前，我国的大学生创新创业教育有以下三个方面有待完善：

1.企业支持创业的利益动机强烈

现阶段,大多数企业支持高校创新创业教育的目的停留在短期获利上,希望借助学校的技术、师资和资金等方面支持企业开设创业孵化基地,并通过招揽规定数量的实习生、生产创业孵化产品、利用学校进行推广宣传等形式为企业营利服务。总的来说,企业与高校合作的眼光过于短视,未能将目标放在培养企业人才、建立创新创业合作机制和服务社会等长远战略上,合作可持续性受到限制。

2.家庭对大学生创业不认同

由于我国社会长期受传统文化观念的影响,多数家庭还存在"学而优则仕"的观念,对学生创业不支持甚至有偏见。目前,大多数家庭不支持子女创业,而是希望其将主要精力放在学习上,及早备考研究生或公务员。

3.社会各界对大学生创业时机的认识存在差异

在校大学生、毕业不到三年的社会人士、创业导师等对创业的最佳时机有不同的看法。大多数人认为,在企业工作1~3年是创业的最佳时机,相关数据也证实此期间创业成功的人数占比最大。创新创业教育除了惠及在校大学生,更应扩展到毕业后有志创业的潜在人群,只有对其进行系统的创业培训和创业跟踪,才能使创新创业教育形成全方位、多层次的格局。

三、创新创业教育人才培养模式和体系有待健全

创新创业教育的落实需要一套完整的包括教育目标、教育方式、课程体系、评价机制和组织结构的人才培养模式,但目前尚未有高校能够拿出一套较完备的创新创业人才培养方案。

(一)创新创业教育的目标不清晰

创业目标的确立需要自上而下与自下而上相结合。自上而下是指从国家和

社会的需求出发，如果是地方性院校，则要充分考虑当地区域经济发展的水平和未来发展方向；自下而上则是指需要充分考虑学生和专业的特点，同时兼顾学校的战略规划和人才培养目标。目前，各高校虽然纷纷出台创新创业教育改革实施方案、创新创业人才培养方案等，但均缺乏明确的目标表述，一般只是简单提及"构建和完善多样化人才培养体系"，并没有具体、可操作的方案描述。同时，大多数方案仅在指导思想部分提出，"将创新创业教育融入创新人才培养的全过程，建立具有我校特色的创新创业教育体系，全面提升大学生的社会责任感、创新精神、创业意识和创业能力，培养高素质的创新创业型人才"，缺乏具有操作性和测量性的表述或指标要求。

（二）创新创业教育的课程设置不合理

随着大学生创业活动在校园兴起，创新创业教育课程受到高校的重视和大学生的普遍欢迎。将创新创业教育内容融合在本科教育的课程体系中，采取合理的组织形式，优化课程结构，构建科学、合理的创新创业教育课程体系显得尤为重要。但是目前的高校创新创业教育课程体系并不能很好地满足创新创业人才培养的需要。

1.创新创业课程的专业化程度有待提高

在创新创业课程的专业化上，课程结构的设计忽视学生的个性特点、课程内容的安排忽视知识的多样化等现象，直接降低了创新创业教育课程体系的专业化程度。

当前，我国高校的创新创业课程仍处于起步和摸索阶段。一方面，在课程结构上，选修课居多，必修课和专业课较少，课程安排存在很大的随意性，缺乏全面、持续激励学生开展创业实践的教育活动，难以提高学生对创业能力的重视程度，导致出现部分选课者为修学分而选课、选课者不了解课程设置意义等现象；另一方面，课程内容单一，许多专业没有设置创新创业教育系列课程，即使有，也不够系统和连贯。

此外，在设置创新创业课程的时候，高校并没有将实践操作列入课程内容，有些即使设置了，内容也不够丰富，这也是矛盾所在。目前，高校所开设的创新创业课程基本上是教师传授单纯的理论知识，而实践操作很少甚至没有，这种注重课堂授课且缺乏实践的教学模式较为普遍。

总的来说，创新创业课程的专业化水平在与学生需求和社会需求相匹配方面仍然有极大的提升空间。

2.创新创业课程体系建设的协同程度有待提升

目前来看，高校、企业、社会间在创新创业教育方面的协同程度相对较低，具体表现在以下几个方面：

（1）未能实现校内协同

部分高校将创新创业教育等同于专业知识教育，只在传统教学课程中安排教授，未能建立创新创业学分积累与转换制度，没有探索与创新创业相适应的学分折算体系，校内缺乏各部门联动的创新创业实践平台。总体而言，大多数高校尚未将创新创业教育引入人才培育体系。

（2）校内外协同程度低

目前，多数企业对创新创业教育课程体系的参与，局限于对高校实验技术的支持，仅有少数学校能与企业共建创新创业教育平台，校企间的创新创业联盟少，不利于推动企业发展模式的转变；高校之间、校企之间、高校与地方之间、高校与研究机构之间的创业教育合作机会少、质量低，未能达到推进校内外协同育人、协同创新的目的。

（3）未充分整合政策资源

当前的教育政策对创新创业教育的鼓励与支持多停留在理念层面，缺乏可操作性和实施性，再加上我国普遍存在的大学生创业融资难等问题，使得创新创业教育课程体系的构建异常艰难。

3.创新创业课程体系建设资源有待优化

当前，大学生创新创业教育课程处于"重理论、轻实践"的阶段，在教学课程规划中理论性课程占大多数，能够让学生检验自己学习实效的实践性课程偏少。我国的传统教育模式往往注重理论知识，而忽略了学生实际操作的能力，缺乏实践性，从而无法满足创新创业教育的实践需求。因此，要想真正发挥创新创业教育的作用，满足学生对创新创业教育的实际需求，就必须增加学生的实践操作机会，将理论融于实践，这样创新创业教育的效果才能真正体现出来。

四、创新创业教育的文化支撑有待加强

创新创业文化不仅直接推动着社会经济的发展，还是创新创业教育活动开展的根基和引擎。从目前的情况来看，在国家和教育行政主管部门的大力倡导下，创新创业教育虽然取得了一定成绩，但创新创业教育的文化支撑还相对薄弱，有待加强。

（一）对创新创业文化的理解有待深入

高校的创新创业文化是创新创业文化在校园领域的延伸。高校的创新创业文化包括创新创业物质文化、创新创业实践文化和创新创业精神文化等方面。

结合目前的实际情况来看，高校的创新创业物质文化主要指创新创业教育的场所、设施和器物等；创新创业实践文化指的是在创新创业教育过程中主体与客体相统一的活动；创新创业精神文化指的是在创新创业教育中所营造出的对参与其中的人具有感染性的思想氛围，比如敢为人先、勇于开拓的企业家精神，以及与创新创业有关的思想、观念体系。

（二）对创新创业文化作用的认识有待明确

文化是一种软实力，文化软实力是一个国家的文化体现出来的凝聚力、吸引力、影响力。创新创业文化作为一种文化而言，对小到一所学校的创新创业工作，大到一个国家的创新创业大局都起到支撑作用。

1.创新创业文化对创新创业的支撑体现在目标明确上

创新创业文化明确了发展方向,通过文化环境的影响,使广大创新创业的参与者能够清晰感受到当前的创新创业教育工作所鼓励和支持的内容,从而在尽可能大的社会范围内形成崇尚创新创业的风尚。

2.创新创业文化对创新创业的支撑体现在凝聚上

当前的时代与之前的所有时代相比,一个巨大的变化就是社会成员的"原子化"趋势越来越明显。尽管如此,创新创业文化对具有创新创业意愿的人而言,是一种召唤和组织,能够引起大家关于"创新创业"的兴趣,把众多的、零散的"创客"集聚起来,形成一个"集体"。

3.创新创业文化对创新创业的支撑体现在激发上

创新创业文化是一种社会意识形态。作为意识形态,创新创业文化同样具备三个阶段:自在阶段、自为阶段和自在自为阶段。创新创业文化提供的不仅仅是知识、思想和观念,也不仅仅是实践活动过程,而是要通过这些实践活动过程将原来外在的、需要进行传授的知识或观念内化为创新创业者自身的一部分,让"创新创业"成为创新创业者的无意识行为,使其自觉自愿地进行相关活动,将其潜力充分发挥出来,并在现实的工作中发挥实实在在的作用。

(三)创新创业文化存在的问题有待解决

创新创业文化作用不可小觑,但在目前的创新创业工作中,创新创业文化所发挥的作用还非常有限,上升的空间还有待进一步扩大,其对创新创业的支撑作用还有待从各方面努力进行强化。

1.高校普遍对创新创业文化的理解存在偏差或具有片面性

有些高校重视创新创业课程的建设,希望通过课堂教育来加强对学生创新创业思想的培育,从而在思想层面进行创新创业文化建设;有些高校比较重视创新创业活动的举办、创新创业典型的树立、创新创业相关场所的建设和器物的置备,希望通过直观的方式加强创新创业文化氛围对学校师生的影响和熏陶，通过增加活动，在实训中营造创新创业文化氛围。无论是创新创业知识的课堂教学、创新创业大赛的举办、创新创业典型的树立，还是创新创业项目的落地运营，都是创新创业文化建设的一部分，任取其一都有可能造成其他方面的不足，从而影响创新创业文化对创新创业教育所发挥的支撑作用。

2.目前的创新创业文化尚处于初级阶段，未得到明确的凝练

作为一种文化，若要发挥其"软实力"，必须有清晰、明确的核心价值。在建立核心价值的基础上逐步展开，使该文化范畴的思想、知识、活动和物质等都围绕着核心价值，成为核心价值在各个领域的延伸。但是，从目前来看，一种能够在一定范围内，如一个学校或一个地区内的创新创业文化尚未真正构建起来，更不要说建立国家层面的创新创业文化。创新创业文化要从正在进行的创新创业实践中去发掘。我国的创新创业工作特别是创新创业教育工作得到大发展是近年来的事情，只有不断积累并在积累的基础上总结，才能得出对社会真正具有导向性的创新创业文化。

3.目前的创新创业文化具有功利性

创新创业作为一种人类实践而言，诚然是要通过其结果进行评价和衡量的。但是，单纯地以是否出科研成果、是否能赢利来衡量创新创业工作，甚至将这种工具性、功利性的思维灌输到创新创业的发展过程中，对创新创业，特别是对创新创业教育是一种巨大的阻碍。过程和目标、手段和目的分别是哲学中成对出现的范畴。就创新创业教育的过程而言，之所以在目前的阶段或多或少体现出功利性的色彩，是因为没有清晰地厘定创新创业教育过程和目标的重要性，也没有正确地处理创新创业教育中手段和目的的关系。创新创业教育如同人类社会历史中所有的实践一样，具有一个螺旋上升的过程。在这个过程中，包含无数的失败，也通过失败孕育了无数的成功。但是，在全民创新创业的背景下，创新创业教育所遇到的大多数难题都来自现有的以结果为导向的考评体系，社会注重的是有多少创业型公司注册，拿到多少融资，有多少盈利，解决了多少就业问题。诚然，这些都是创新创业教育应该解决的问题，但不是在目

前阶段就应该通盘考虑的。创新创业教育在现阶段，是应该通过思想教育，通过现有的、可能的实践活动激发人们的创新创业意识，帮助人们端正创新创业的态度，通过时间的磨洗，从一代代人的亲身体验中，形成人们的"习惯"。而这些，正是需要通过塑造新的创新创业文化来完成。

五、创新创业孵化器的作用有待凸显

不少高校在教学、科研场地比较紧张的情况下，响应国家号召，腾出场地建立创新创业孵化基地，支持学生开展创业实践活动，但高校创新创业孵化器孵化能力普遍较弱。一方面，高校创新创业孵化器建设未得到有效支持。虽然政府近年来出台了相关政策，明确高校积极参与到新建或者改造孵化基地的队伍中来，建立一些服务平台，用来协助学生创业活动的开展。有一些高校争取政府投资以建立孵化基地，还有些高校以聚集社会力量参与投资的方式建立孵化基地，但目前政府提出的引导性政策均是总体说明，并没有明确、细致的规定。总的来说，大多数政策停留在宏观指导的层面，落实到微观操作层面的相对较少。另一方面，高校创新创业孵化器条件受限。有些高校是教育用地不能用作商业用途，不能作为注册地，繁杂的手续和责任归属等原因导致校内孵化器无法进一步发展。

第二节 大学生创新创业教育转型发展的核心问题

一、大学生创新创业文化的培育

大学生创新创业和企业管理是两件不同的事情，在本质上是有很大区别的。创新创业需要创新创业人员具备一些条件（这些条件不是每个创新创业人员都具备的），它需要创新创业人员具备不断寻求机遇的眼光和机遇到来时能够把握住机遇的能力，但企业管理就不同了，企业管理需要资源驱动，也就是需要更多的资源，它是将各种资源进行整合和利用的过程。

正是因为创新创业和企业管理是两个不同的概念，所以在教育过程中创新创业教育和商学院的管理课程是完全不同的。在创新创业教育的过程中，教师应当运用多种方式培养学生的能力，让学生学习更多的知识，而不局限于创业的科目。跨学科学习的作用显著，它可以使学生多元化学习，这对培养学生的创业意识和创业能力非常有帮助。大学生应当在入学时就主动摸清自己已经拥有的知识和兴趣，并根据这些知识和兴趣选择创业方向。高校应保证学生有充足的学习时间和良好的学习氛围，这样才能让学生从中获取经验，然后对自己选择的专业进行反思，而这种反思应该是不间断且有意义的。

创新创业教育需要解决三个问题：首先，不同学科的教师是否都能教授创业知识？其次，传统的商业模式如何能给学生展示出创业知识？最后，学生能否受到教师的影响，教师能否使用正确的教学方式？大学教育期间应该让学生参与大量的实践，让学生与教师、学生与学生、学生与课程内容之间产生互动，在实践过程中学生可以不断地面对冲突、协调解决等，从而感悟和学会创业。

在这个过程中，教师起到重要作用，教师应该以传授创业知识为重点，锻炼学生发现问题、解决问题和把握机遇的能力。

二、大学生创新创业教育课程体系的构建要点

目前，创新创业教育课程普遍受到了大学生的欢迎。但是，在教育过程中还存在着很多不足，很多创新创业教育课程仅注重创业知识的传授而忽视了创业技能的培养。此外，很多高校对创新创业教育课程重视不足，甚至将其列入大学生的第二课堂等实践活动之中，部分高校甚至把创新创业教育定位为第三课堂活动。高校构建好大学生创新创业教育课程体系，需要解决以下几个问题：

（一）定位目标

培养人才的标准、途径和目标是构成课程体系的主要内容，因而高校对人才的培养也是有目标的，它是教育课程体系的基本依据和最终目的。下面从共性目标和个性目标两方面对大学生创新创业教育课程体系进行定位。

1.共性目标

大学生创新创业教育课程体系的构建要面向全体大学生。创新创业教育的共性目标是培养大学生具有创业意识和创业心理品质，提高其整体素质。

2.个性目标

个性目标是构建创新创业教育体系，提升创业实践能力（包括经营能力、综合性能力和职业能力）。

（二）整合内容

课程目标的实现主要依赖于课程内容的有效确立。依据现代课程的划分标准，结合创新创业教育的发展现状，可以将创新创业教育课程划分为隐性课程与显性课程、基础课程与专业课程、理论课程与实践课程。在课程的设计过程

中，要注意课程内容的整合性。

1.隐性课程与显性课程的有机整合

隐性课程和显性课程有着本质区别，然而加强隐性课程和显性课程的和谐相融很重要。隐性课程间接而内隐地存在于社会中，它可以潜移默化地影响学生的身心健康发展，同时也主要体现在学校文化中。显性课程是外显直接的，它主要表现在学生接受专业知识的环节。两者有机结合可以帮助学生树立创新创业的价值观，养成良好的创业行为习惯。

2.基础课程与专业课程的有机整合

基础课程是培养学生创业意识、拓宽学生创业知识面的课程，是面向全体学生开设的课程。但是，专业课程则不同，它是不同的学院、不同的专业开设的传授专业知识、培养专业技能的课程。将创新创业教育的基础课程融入其他专业课程的教学过程中，可以促进学生根据自己的专业知识，发现不同的创业机遇。

3.理论课程与实践课程的有机整合

理论知识是学生创业的必要基础知识，它和实践技能不同，实践技能是个人在工作和生活中解决实际问题时所显现出的综合性能力。但是，现在很多高校或者注重理论知识，或者注重实践技能，而不是将两者有机结合到一起运用，这对学生的发展是很不利的。高校应将理论课程与实践课程有机整合，提高学生的综合实力。

（三）优化结构

从系统论的观点看，大学生创新创业教育课程体系的构建，不仅要有它赖以存在的形式和条件，还应该具有科学的结构，只有这样，才能优化大学生创新创业教育课程体系，发挥创新创业教育的最大功效。首先，增加"创新创业教育模块"，使其与"人文社科模块"和"自然科学模块"并列为通识教育三大模块。其次，为了满足不同学生的学习需求，高校应当设立公共选修类创业课程和专业类创业课程。最后，合理设置选修课和必修课。必修课包括创业管理入门课、职业指导课、创业技能课及创业实务课等，以教授专门的创业知识和技能为主要内容；而选修课则包括企业文化和企业精神的培育、市场营销、企业管理及创意策划等，目的是培养学生的创业意识和创业心理品质。

（四）构建原则

1.目标性原则

大学生创新创业教育课程体系的基本依据是高校人才培养目标。大学生创新创业教育课程体系的建设要紧紧围绕已明确的目标定位组织和开展，取消"边缘化"的课程，注重增设有利于实现创新创业教育培养目标的课程。另外，创新创业教育课程还要根据当前知识经济社会的发展及时调整内容。

2.综合性原则

创新创业教育课程内容在设置时要体现综合性原则，注重对学生的全面培养，在响应国家政策的基础上推进课程体系的构建。

3.实践性原则

耳闻之不如目见之，目见之不如足践之，足践之不如手辨之。高校应注重培养受教育者的实践能力。高校创新创业教育课程建设要注重实践性原则，突出课程的实践性特征。高校可开设创业大赛、职业生涯规划赛等以创业模拟为主的实践活动。除此之外，高校还可开启校企合作模式下的创业实践课程，这是因为校企合作模式比模拟实践课程更接近市场运作的实际情况，更能提高学生的创业能力。

三、创新创业教育师资队伍建设

在高校创新创业教育师资队伍的建设中，目前主要存在以下问题：

（一）创新创业教育教师在数量上明显不足

早在 2017 年时，据教育部统计，我国高等教育的规模已为世界第一，我国在校大学生的数量占全世界总量的五分之一。但是，与这种规模上的优势明显不匹配，甚至呈现强烈反差的是我国高校的创新创业教育水平。

创新人才培养与实际的社会需要不匹配，高水平教师在数量上明显不足，是高校创新创业教育的"痛点"。

（二）创新创业教育师资在类型配比上欠缺平衡

在培养学生创新创业能力方面，斯坦福大学受到了其创始人的影响。斯坦福大学创始人在该校的首次开学典礼上就明确地指出，生活归根结底是指向实用的。那么从创新创业教育的角度而言，该类教育应该以实践为导向，但作为一种实践导向鲜明的教育门类，以实践为导向不等于说不要理论。从认识论的角度而言，理论对实践有着重要的指导作用。因此，创新创业教育，特别是高校的创新创业教育，既包含理论知识的传授，也包含实践过程的操练、浸染和熏陶。创新创业教育既然包含理论学习和实践锻炼两个部分，也就说明了创新创业教育的师资供应能够支撑这两个部分的需要。

目前，在高校创新创业教育中，无论是理论型师资、实践型师资还是综合型师资，都缺乏真正优秀的师资力量，其原因在于创新创业教育师资的"兼职性"强，不能满足创新创业教育的实践需求。兼职教师，特别是校内兼职教师大多为学校行政人员、辅导员和部分相关专业领域的教师，他们往往更注重理论知识的传授，当然也就难以达到综合型师资的标准。如此的创新创业教育师资，不仅在一定意义上降低了高校创新创业教师应有的专业化程度，更为关键的是，使得创新创业教师队伍本应该具有的创新创业实践经历在整体上被削弱了。

（三）创新创业教育专职教师的相关认识有待深化

一项紧迫的事业中最为缺乏的资源如果短期内无法得到自然增长的话，就应该"就地取材"或者"就近取材"，对现有的资源进行转化，从而满足实践的需要。具体到创新创业教育，也就是在人们习惯上认为与创业有关的、较为成熟的专业领域，如企业管理、财务、投融资及一些理工科专业中进行专业教育与创新创业教育相融合的尝试，这也许能够又好又快地解决问题。但是，就目前来看，从事专业教育的教师本身缺乏创新创业意识，当然也就难以在日常的专业教学过程中对学生进行有效的创新创业教育。我国的许多高校在日常的教育活动中并没有充分调动专业教师在创新创业方面的积极性和主动性，在日常的教育活动中，教师自己缺乏创新创业意识和思维，这不仅导致应该参与到创新创业教育活动中的教师在数量上远远无法满足实际的需要，也影响了教师所指导学生的发展水平。

（四）校外创新创业导师的作用没有得到充分发挥

我国的高校基本上还没有建立起一套科学的针对创新创业导师的管理制度，具体表现在以下几个方面：

1.准入不严

高校缺乏校外创新创业导师的遴选标准和制度，所聘导师往往是"圈子"里的朋友、熟人。虽然不少导师是企业的董事长、总经理，但很多导师不知道怎么讲授创新创业课程。

2.管理不够

高校没有将创新创业导师纳入学校人事制度管理范畴，岗位职责不明确，且缺乏监管、考核和激励。

3.辅导随意

高校所聘导师不少是企业家，事务繁忙，经常抽不出时间到学校上课，一些人即便来了，也只是简略地讲讲创业经历和人生感受，随意性较强，教育效果不理想。

4.作用不明显，发挥作用的方式单一

高校所聘导师一般是通过讲座等方式为学生讲授创业经历、传授创业经验，学生在寻求创新创业导师的帮助方面存在困难。

作为高校创新创业教育的核心资源之一，师资力量作为"人"的因素，是核心资源体系中最"能动"的一部分。正所谓"没有教不好的学生，只有不会教的教师"，从高校创新创业教育现阶段来看，教师的"不会教"是一个需要克服的关键性问题。在社会的各个工作领域中，培养本土化的兼职类创新创业师资是充实高校创新创业师资队伍的重要途径。

当前，地方高校开展创新创业教育的途径，除了开设选修类的创新创业教育课程之外，就是举办企业家讲座。这些企业家作为外聘创业导师，相比学校专业教师来说，企业工作经验充足，了解解决企业困境的途径、创业的现状及存在的问题等，能够弥补专业教师缺乏企业工作经验的不足，极大地提高了学生了解和参与创业的兴趣；而兼职创业导师的本土化，有利于创业导师结合本土实际情况进行教学，也可以为结合实践进行创业教学提供便利条件。

创新创业师资队伍是一个动态的、开放的、不断发展的队伍。高校不仅要注重对创新创业师资队伍建设的前期规划和培养，还要定期对创新创业师资队伍进行调研和评估。及时的评估和反馈能够帮助高校发现创新创业师资队伍在建设过程中存在的问题，从而制定相关的政策，完善创新创业师资队伍建设。

（五）师资建设的时代性和长远性未得到足够重视

目前，创新创业教育在我国处于初级发展阶段，各方面建设还不成熟，在发展过程中，相关单位应跟上时代要求，定期对创新创业师资队伍进行培训。《国家中长期教育改革和发展规划纲要（2010—2020年）》第一次将人才培养作为未来长期执行的政策，同时地方高校在教学宗旨上也将人才培养及创新培训作为教育的重要方向，并且投入人力和资金对创新创业教育培训加以支持。

就创业培训而言，教师占据主导地位，教师在一定层面上能够对学生进行指导，因而增强教师的教研能力对促进创业培训的发展是十分必要的。此外，教师的教育观念和教学行为在一定程度上影响着学生的学习思维和未来规划。

创新创业师资队伍的建设便于教师在实际教学过程中向学生传授创新创业的思想理念，帮助学生开拓就业视野，形成自主择业和创新创业的意识。

第三节 新时代大学生创新创业教育的新路径

一、改变大学生创新创业教育理念

有学者认为，创新创业教育有"狭义"与"广义"两种界定方法，而且大众多从广义层面的理解来定位创新创业教育，这样的理解看似公允且符合实际情况，但是仔细思辨，则失之偏颇，并且让创新创业教育无所适从、左右摇摆，对高校创新创业教育产生了误导。为了解决这一问题，有学者明确提出："创业教育就是培养未来企业家的教育。"这一学术主张观点鲜明、论证有力，很有说服力。但是，这种学术观点在正确地反对了将创业教育"泛化"为素质教育的同时，也不可避免地暴露了自身存在的问题，那就是把创业教育"窄化"为"培养未来企业家的教育"，"培养未来企业家"只是创业教育的目标之一，把它作为创业教育的全部也失之偏颇。

创新创业教育就是要努力做到"素质型"与"职业型"教育的统筹兼顾，这并不是为了"四平八稳"，而是根据我国国情采取的措施。我国的创新创业教育缺少大、中、小学一体化的科学衔接，缺少启蒙教育的基础和准备，使得高校创新创业教育不得不补上本应该在中小学进行的启蒙课程。相对于美国从小学就开始的创新创业教育来说，我国高校创新创业教育是在面临学生就业压力的情况下快速启动的。但是，经过一段时间的快速发展之后，我们需要认真反思发展中出现的问题，在"素质型"与"职业型"创新创业教育之间作出平衡，在反对"泛化"的同时反对"窄化"。

与"素质型"和"职业型"两种教育类型相比，创新创业教育具有较大的包容性和整合性。它以培养具有开创性的个人为主体目标，一方面，广泛开展素质教育，培养学生创造性地工作、创造性地思考与解决问题的素质；另一方面，深入开展职业教育，培养学生创造就业岗位或创办企业实体的能力。这种创造性的包容和整合，既具有"素质型"创新创业教育的高度，也具有"职业型"创新创业教育的深度，两者的完美结合与充分兼顾，使创新创业教育融入高校人才培养、科学研究、社会服务和文化传承四项主体功能之中，发挥应有的作用。

二、强化高校创新创业教育系统的关键要素

（一）大学生自身

面对 21 世纪的人才需求，传统教育模式已经滞后于形势的发展。找到新的育人思路成为创新创业教育领域的当务之急。高校要应对大学生创新创业教育的挑战，既要培养大学生的科学文化素质，又要培养他们的生存能力；既要让他们有健康的个性，又要让他们有群体意识，不能过分地强调个性发展，而忽视集体利益。在全面实施素质教育的过程中，应通过有目的、有计划的群体意识教育，使大学生树立科学的世界观、正确的人生观和价值观，具备良好的思想修养和道德文化素质。

随着改革开放的不断深化，人际交流与合作日益广泛，社会要求人们保持良好的竞技心态，不仅要有参与竞争的能力，还要有合理的生活空间。群体意识教育促使个体在德、智、体、美、劳诸方面全面发展，自觉维护这个合理的

生存空间。群体意识就是群体具有的精神状态和思想面貌。群体意识的形成可以保证大学生在创新创业时和谐相处、互相协作，在共同学习、探讨中发展思维能力，培养创造能力。

在大学生参与的集体活动中，高校可以逐步引进竞争机制，促使大学生不断完善自我。竞争离不开集体，集体需要引进竞争机制以增强活力。一方面，大学生自我提高需要集体的支持与鼓励，高校应为大学生创造充分发挥个人能力的机会，帮助其实现人生价值；另一方面，从集体荣誉感、自豪感与集体凝聚力的关系上看，没有集体荣誉感和自豪感便没有集体凝聚力，高校要培养大学生的创新创业荣誉感和自豪感，教师要成为学生的楷模和良师益友。

（二）教师

未来几年，高水平师资力量的短缺将成为我国高校创新创业教育发展的"瓶颈"。教育部明确提出要"明确全体教师的创新创业教育责任""配齐配强创新创业专职教师"。普及型的创新创业教育对师资需求巨大，而高校创新创业教育教师的创业能力又普遍较弱。现今，高校创新创业教育教师主要是由有着企业管理或战略管理理论背景的教师或从事思想政治、就业指导等工作的教师初步转型而来，因而构建专业化的、具有较强创业能力的高校创业型师资队伍是促进创新创业教育系统良性循环的另一关键要素。

三、加强大学生创新创业相关法律教育

社会主义市场经济的本质上是法治经济，一个创业者进入市场，如果了解相关法律法规，按规则操作，那么可以相对顺利地发展；反之，如果一个不懂规则的创业者进入市场，那么他必然要交更多的"学费"，这对社会资源并不丰富的大学生创业者来说无疑是"致命"的。加强大学生创新创业法律教育主要表现在以下方面：

（一）提高创新创业竞争力

社会主义市场经济的法治性要求市场主体在进行经济活动时必须遵守相关法律规定。如果一个创业者不了解相关法律规定，那么难免会付出一定的代价。在社会主义市场经济条件下，法律是国家进行市场调节的重要手段，一个敏锐的创业者能从中看到国家在扶持、鼓励哪些行业，从而更好地发现商机。

此外，国家对大学生创新创业出台了一系列税收减免、贷款等方面的优惠政策，了解这些政策能在一定程度上帮助大学生走好创新创业的第一步，提高创新创业的竞争力。

（二）降低创新创业风险

市场主体在活动的过程中会存在各种各样的法律风险，有时法律风险甚至会大于市场本身所带来的风险，很多企业都有过相关教训，因此失败的例子也屡见不鲜。如果大学生缺乏足够的法律知识，对法律风险没有明确的认知，就很有可能掉入各类陷阱中，甚至付出惨痛的代价。

大学生创办的企业通常规模较小、抗风险能力较差，违反法律法规、陷入法律诉讼等时，势必会严重影响企业经营，甚至直接导致创业失败。因此，只有在创新创业教育中让大学生全面了解相关法律法规，提高大学生抵御风险和解决纠纷的能力，才能降低大学生创业时面临的法律风险，提高大学生创业的成功率。

（三）避免误入歧途

作为创业者的大学生，大多处于青年期，社会经验不足，心理发育还没有完全成熟，但社会是复杂的，大学生在创业的过程中遇到的诱惑是多种多样的，如果大学生不了解相关法律知识，在面对诱惑时作出错误的选择，就可能误入歧途，甚至走上违法犯罪的道路。

第四章 高校创新创业教育的创新研究

第一节 高校创新创业教育与社会教育的融合

创新创业教育是西方国家在 20 世纪 80 年代中期提出的一种教育模式，创新创业教育的目标是使学生具备创新创业技能、创新创业知识、创新创业能力、创新创业精神，培养创业型人才，实现大学生毕业后自主创业或创新性地自我发展。创新创业教育在发展过程中，成为具有多样性、灵活性及普及性的，系统的成熟的特色教育模式，并在实际操作中取得了巨大成功。

社会教育指在人类社会的生产生活中，促进身心发展的各种教育性因素的总和。这个总和不仅包括在社会生活中，人类在耳濡目染中所获得技能、知识及道德启示，还包括一切社会团体、社会机构及个人对社会成员所进行的有组织、有计划、有目的的教育。社会教育的内容具有多样性、开放性及普遍性。

随着我国经济的高速发展，单一的教育模式已经完全无法实现高质量人才的培养要求，加上现阶段我国的高校创新创业教育较为薄弱，如何通过社会教育培养激发出学生的创新创业能力，将二者有机结合起来，已成为我国高等教育迫切需要解决的难题。

一、高校创新创业教育与社会教育相融合的必要性

（一）是快速推进高校创新创业教育的内在需求

高校创新创业教育是需要长期坚持的，教育的最终目标是为社会培养出能够自主创新和自我创造的学生，最大限度地挖掘学生潜在的智力价值。在构建高校创新创业教育与社会教育相融合的人才培养模式中，要在综合学生已有的知识和能力的基础之上，以社会教育作为着手点，保证在人才培养过程中绝对不脱离社会这一指定目标而独立存在。在很大程度上，高校的教育决定了学生的知识结构和思维模式，而学生首次选择的创业方向又会间接或是直接地受到个人所拥有的知识及思维模式的影响。因此，只有大力推动高校创新创业教育与社会教育的融合，才能更好地提升大学生创新创业的实际操作能力。所以，创新创业教育的基础是社会教育，紧密融合社会教育是加速推进高校创新创业教育的内在需求。

（二）是社会教育发展的必然结果

高校创新创业教育与社会教育的互相融合，可以将学生由校内课堂训练所得的创新创业理论成果更好地运用于具体的社会实践。现阶段，高校单一的教育模式限制了学生知识范围的扩展，束缚学生的创造能力发展，导致培养结果无差异化。创新创业教育不仅有利于提高学生的综合能力和素质，还有利于对学生创新、创造思维的加强，更好地培养学生个人的创新和创业精神。从这个角度来看，实际上创新创业教育是对社会教育的进一步拓展和丰富，所以，将创新创业教育与社会教育融合是社会教育发展的必然选择。

（三）是创新型人才培养的客观要求

教育规模的大幅度扩大，导致毕业生的质量参差不齐。在人才招聘中，社会企事业单位不仅要求求职者的综合能力、综合素质及潜在价值，同时也会关

注毕业学校和学历，并作为首要参考条件，大多数毕业生在求职时频频受挫。当下是知识经济高速发展的时代，社会急需创新型人才来增添发展动力，然而，面对这一社会现实，高校传统的教育方法、教学理念及教学框架已经无法培养出多样化、多层次的人才。

因此，高校创新创业教育与社会教育的融合会进一步推动社会所需创新型人才的培养。

二、高校创新创业教育与社会教育融合发展的现状

作为培养人才的一项重要举措，我国现阶段的创新创业教育已经逐步由国家引导向高校自觉主动作为过渡。在十多年的发展进程里，各大高校均已探索出各具特色且符合自身实际情况的创新创业教育的模式，且成果累累。如中国人民大学为提升学生的综合素质，构建学生创业所需的知识结构体系，通过结合校内的创新创业教育与校外的具体社会实践的方式来有目标地培养学生的创业意识；河北大学组织学生开展实验研究、社会调查等，并结合实施高校创新创业的实践行动计划，提升大学生的创造精神、创新意识及创业能力；北京航空航天大学鼓励学生积极参加各种类型的科技竞赛，并模拟建立了社会创业园，提供相关咨询服务和基本的启动资金资助等。总之，现阶段我国的高校创新创业教育已经形成常态，并且样式繁多，已成为高校教育中不可缺失的一部分。

但是，通过对上述高校创新创业教育实例的具体研究发现，其教育模式仍以理论为主，在其实际教学过程中，高校创新创业教育与社会教育还是相互独立的。具体有以下四种表现：

其一，大多数高校的创新创业教育课基本是毫无体系的公共课，相关课程大多零散且数量不足，严重脱离社会教育，并且在教学过程中，创新创业知识的教授并没有得到有效保证。

其二，创新创业教育与社会教育相融合所需的培训基地、师资队伍等严重不足，此现象严重地阻碍了高校创新创业教育的推进及优秀创新创业成果的产出。

其三，许多高校的人才培养方案并未包括创新创业教育计划，因此高校对创新创业教育并未有细节的规定和学分要求。

其四，高校在创新创业教育工作的展开上，主要体现在科研训练项目、相关创新创业教育系列讲座及学术科技作品大赛等。

基于以上事实的阐述，说明高校创新创业教育确实是独立于社会教育的，而且一时很难有效地打破二者的分离状态。

三、高校创新创业教育与社会教育融合的对策

（一）打破教育理念上的障碍

在科技、经济迅猛发展的今天，高校不能仅仅局限在传统的教育框架中，要想更好地履行服务社会的职能，就应该将创新创业教育与社会教育相融合，因为对学生而言，两者是交错影响、相辅相成的关系，前者为后者打下了良好的理论基础，而后者是实现前者的助手。二者在高等教育中有着相同的作用，其关键任务均是更好地服务社会发展，但现阶段不能忽视的一个事实是，高校创新创业教育与社会教育联系得并不像想象中的那么紧密，高校的大部分高校领导和教师认为社会教育完全不能融合到创新创业教育中去，否则不仅会造成人才培养计划失败，还会打破传统的教育结构模式。高校对创新创业教育与社会教育在概念本身解读上的偏差以及对融合发展重要性的忽视，定会给高校创新创业教育与社会教育的融合发展增加一定的难度。

（二）打破教育资源上的障碍

首先，作为教育的常用方式，在培养人才的过程中，绝不可忽视课程的重

要性。据调查显示，大多数高校均以开设"创新工程实践教育""创业基础"等创新创业课程作为实施创新创业教育的第一路径，但由于此类课程的课容量有限，加之高校又以选修课的形式为主，所以也就造成了只有少量学生学习的结果。此外，已有课程往往开设得很随意，课堂上的教学内容仍停留在系统性的创新创业理论知识教授的层面，完全脱离了具体的社会实践活动，只是成为高校的"面子工程"。

其次，高校创新创业教育课程的基础源于教材，但是现阶段高校在建设创新创业教育课程的过程中发现，创新创业教育方面的典型指导教材是严重缺失的。教材的缺失造成高校在短时期内很难开设所有的系统的创新创业教育课程，更不要说进一步与社会教育的融合。即便是在已开课程中，教师也未能给学生提供可以参阅的书目，在课堂教学过程中，学生仅仅是被动地听课，而非积极主动地求知。所以，创新创业教育指导教材的缺失，严重阻碍了创新创业教育与社会教育的融合。

最后，由于创新创业活动是富有很强的实践性的活动，所以为了加强实践教育，高校应注重社会实践基地的建设。现阶段，我国高校仍以理论教育为主，使学生不仅在实践过程中的操作能力较弱，而且社会实践的机会也少之又少。由于传统的教育通常重理论而轻实践，加之又未能与社会企业建立"校企联合培养"的协作关系，致使学生的创新创业思想只能封闭于象牙塔中或是停留在理论上可行的局面。社会实践基地的缺失，使得学生接触社会的机会、场地、平台等均无法得到保证，致使高校创新创业教育难有成效。

（三）打破教育环境上的障碍

创新创业教育的环境会默默地影响学生的发展方向。高校所创造的创新创业环境对学生而言，会影响到其在创新创业教育实施过程中的积极性。在现阶段高校创新创业教育的过程中，学生被动地创新创业，这与发挥学生主观能动性和自我创新的创新创业教育的核心理念所要求的是完全相反的。各大高校举办的有关创新创业教育方面的讲座或是比赛等大多抛开了社会实用性，加之教育资源的倾斜，面向全体学生的创新创业教育也就成为空话。高校在创新创业教育过程中，缺乏对学生的支持与激励，更缺少推进创新创业教育与社会教育相融合的实际有效的措施。

总之，高校缺乏对创新创业教育的舆论宣传及教育环境的建设，致使学生很难体会到学校在创新创业教育上所营造的氛围，这必然会严重影响创新创业教育与社会教育的有机融合。

（四）打破制度管理上的障碍

高校创新创业教育的顺利开展需要有完善的规章制度作为基本保障。这就要求高校在教育教学的各个环节中加入创新创业理念。创新创业教育具有跨学科性、实践性及综合性等特点，所以必须建立健全相关制度，才能更好地推动其与社会教育相融合。我国大多数高校已在不同程度上开展了创新创业教育，但并没有与社会教育形成统一完整的教育教学体系结构，而仅仅是作为指导大学生就业的选修课。其原因在于，高校未能建立并完善跨学科制度、未能有效地实施创新创业学分制度、未能及时改善创新创业教学管理制度等。

创新创业教育的地位与职业教育、学术教育是一致的。现阶段，我国高校创新创业教育与社会教育相融合的趋势越来越显著，当下创新创业教育理论与实践研究的难题是如何有效对接并推进创新创业教育与社会教育的有机融合。毫无疑问，高校创新创业教育与社会教育的融合在短时期内是难以完成的。高校必须积极采取相关措施，打破教育理念、教育资源、教育环境及相关制度管理上的障碍，为国家和社会培养出更多的创新创业型人才。

第二节 基于创客教育的高校创新创业教育革新

在大学生创业领域中，拥有创业精神和创业意识属于一种必然因素，但若要完成创业，只有上述两种元素远远不够。创客精神就是建立在创业活动上的概念，其重视对创业观念的落实和呈现，如若高校能够将创客精神融入创新创业教育体系中，那么便可以大大提升创新创业课程的有效性。

一、创客教育的定义及其与创新创业教育的关系

（一）创客教育的定义

创客实际上指的是能够将内心想法付诸实际的人，这些人可以是梦想家、创意者，也可以是设计人员。他们拥有一个共同点，那就是既能够产生对行业进行创新的创意，又有意识和能力将想法实现。而创客教育相对简单，就是以培养创客为主的教育教学行为。当前国内高校虽然并未开通专门课程来培养创客，但创客教育也被融入其他教育教学中，达到一种融合的教育效果。

（二）创客教育与创新创业教育的关系

创客教育的实现具有两个要素，第一是专门的教育教学人员，第二则是创客空间。创客空间是一种虚拟形态的空间要素，其存在于实体空间，不会与外界完全隔离，但会在教育教学范围内创设一个相对稳定和专一的研讨空间。创客空间的定义重点在于开放实验，意在吸收所有具有创意和创造能力的人。人

们可以在创客空间内进行交流，吸取他人意见。从信息交流的这一特征来看，创客教育实际上与高校所进行的研讨教学形式存在一定的共同点。创客教育对受教育人才没有特殊要求。创客教育所面对的受教育人员基本分为三类：第一类为拥有创意，且想将创意实现的人；第二类为具有创客潜质的人；第三类则为即将负责"创客教育"的教师。可以说，创客教育基本可以涵盖所有具备条件的社会人才。因此，在高校环境中应用创客教育这一新型教育方式，可以保证创客教育与高校的教育教学体系完美融合。

创新创业教育体系所要培养的人才为拥有创业能力和创新能力的人才。创新与创意实际上存在一定的差别，但创新可以被包含在创意的范围内，国家将重点培养具有创新思想的学生，而创新思想必须要建立在对社会以及专业有所见闻的基础上。可以说，创新创业教育就是创客教育中的一分子，可以为创新创业教育提供专业的教育经验辅助。

二、在创新创业教育中应用创客教育的优势

（一）创客教育可辅助创新创业教育提升成功概率

创新创业教育从性质上看具有一定的"概率特征"，即高校培养出相对专业的创新创业人才，而当他们完成学业后，是否能够在创业的舞台上占有一席之地，却无法进行准确的预测。从实际情况看，的确有部分拥有创业精神和创意的学生会在毕业后放弃自己很有可能成功的创业创意。这种有价值的创意一旦未能进入创业领域，也未能传递给他人，就会被淹没在社会的大数据中，再也无法发挥作用。这对创意持有者和国家产业来说都属于一种被动的损失。但创客教育与此不同，创客教育的重点在于"实现"。只要创意能够被提出，且具有一定的合理性，教师就应该辅助学生在创客空间中验证，由来自多方的经验技术辅助创意升级、进化成型。因此，如若创客教育的成功率可以持续提升，那么对国家而言，创客教育所能提升的创业成功概率将十分可观。故可以肯定，

在创新创业教育概念范围内，如若能够将真正的创客教育理论应用其中，那么创业成功率便可大幅提升。

（二）创客空间将为创新创业教育提供专业验证场所

创客空间可以吸收大量来自空间外部的经验力量，而在空间内部，所有人都可以互帮互助，直至完成对空间内新创意的验证和辅助。当前国内部分规模较小的高校常常会因为场地和资源的限制无法建设功能完善的创业孵化园，但如若高校能够利用创客空间场地引导学生进行实践，那么学生的创意价值便能够得到专业的考核认证。这样一来，假若学生个人的创意不具有实现价值，其也可以在验证的过程中收获经验。而一旦学生的创意能够通过验证，学生便会产生充足的自信心，去再度验证自身的想法，并在多方经验辅助下持续孵化创意，直至成为相对成熟的发展体系，这些都是传统的创新创业教育无法完成的工作。故可以肯定，创客空间如若被应用在创新创业教育中，便也可以改变高校教育空间不足或功能不全面的情况。

（三）大学生也可成为创客空间未来的组成者

创客空间的功能全面，能够为多个潜在人员提供专业的辅助意见，因为创客空间内部存在较多的经验者，他们来自各个传统行业或新兴行业，有些是行业的领军者，也有刚刚革新了行业发展方向的佼佼者。而他们能够成为经验丰富的前辈，正是因为他们曾经也是将自己的创意加以实践的创客。故若以具象思维分析创客空间内部结构可以发现，"循环"正是创客空间持续运转的本质。因此可以肯定，当当代大学生成为创客并成功创造出属于自己的创意成果时，他们便可以再度进入创客空间，一方面继续验证自己的创意思路，另一方面则可以发挥自己作为"前辈"的作用，继续为本校或其他院校的大学生传递创新创业的经验与思想。

（四）创客教育可为创新创业教育提供全新的教学互动模式

创客空间具有绝对的交互性作用，其内部人员需要不断进行交流，才能够将各自的经验以交叉的形式进行呈现，继而将自身经验教予他人，辅助其在未来的创新创业过程中收获"少输出，多回报"的成果。不仅如此，如若高校创新创业教育可以在应用创客教育经验的过程中认可创客教育，那么他们便能够在未来的发展中以创客教育为核心不断更新教育教学体系，直至令创新创业教育可无限地向创客教育靠拢，进而形成以培养学生实践能力、协作能力和个人素养为主的全面教育教学体系。

从上述四点应用优势来看，创客教育进入高校创新创业教育，不但可以解决当前的创新创业教育问题，也可以将未来创新创业教育的更新问题一并解决。

三、在高校创新创业教育中融入创客教育的难点

（一）缺乏宏观支持

当代高校多数跟随国家的宏观政策调整自身的教育教学方针。因此，如若国家并未开始重视创客教育，即使高校内部的创新创业教育人员开始重视创客教育所具有的应用优势，也无法在内部完美应用创客教育的概念。而观察当前政策可知，国家虽然已经开始重视应用创客教育，但并未给出具体的政策来规定如何落实及落实力度如何，这便使各个高校无法获取切实的行动尺度，也间接令校方无法及时针对创客教育进行资源调配。故即使国家开始重视创客教育，高校也很难在短时间内调取相关资金以及教育资源等对其进行辅助建设。这也正是各个院校开通创客教育后，创客空间功能不健全的主要原因。

（二）专业教师匮乏

创客教育与传统的创新创业教育不同，创客教育更加注重实践，因此校方若要开通创客教育，就必须引进专业教师，这样才能保证教育教学行为能够取得预期内的成效。而当前绝大多数高校都并未针对创客教育引进专业的人才，而是直接使用创新创业教育教师进行拓展教育。若教师方面未能进行改革，那么高校便很难真正发挥创客教育的优势作用。

（三）专业课与创客实践之间的时间矛盾

虽然当代大学生在时间方面已经相对充裕，但部分专业学生的时间仍然较为紧张。创客教育的重点在于实践，实践就必然要花费学生大量的时间。故当前在高校创客教育环境中，学生时间不足，实践经验不够就成为比较普遍的现象。同时，对学生来说，其实际上也很难对个人的上课时间进行调整，故针对时间上的矛盾，校方仍然需要承担主要的调节任务，须在尽量保证学生可完成专业课的基础上，增加学生在创客教育方面的参与时间。

（四）创客教育评价问题

创客教育也属于教育教学的一种，教育教学人员有必要对学生在创客教育领域的综合表现进行评定。但目前因创客教育未能完整融入创新创业体系，故教师很难给出相对完善的创客教育评价指标。没有对应的评价体系，教师难以对学生的表现进行科学评价，学生在创客空间的知识吸收效率便会被压缩，同样无法真正在创客空间获取预期内的经验成果。

（五）配套资源问题

创客教育具有一定的现代化教育特征，对于一些已经实现内部教育体系现代化的高校来说，创建创客教育教学模式的难度并不大。但国内也有部分高校并未在校内实现完善的统一的信息教育。也有部分学校的内部网络质量并未达到预期，故学生所能够接触到的互联网信息质量难以支撑他们进入创客空间内进行学习。这些都属于高校应该尽快解决的问题，这种存在于硬件上的问题处理难度相对不大，可作为优先处理项目。

四、基于创客教育的高校创新创业教育革新策略

（一）宏观方面应细化政策内容，加大政策扶持力度

国家应该在宏观方面尽可能对创客教育进行扶持，扶持方式分为两种，第一种为下达相关落实政策，即官方负责下达开通创客教育融入途径的相关政策，引导和辅助各个高校及时了解和应用创客教育。第二种即为督促改革，但目前能够主动进行改革的院校还在少数，也有部分高校并不重视对创新创业课程进行改革。对此，国家有关部门应该尽可能地利用政策调整来起到督促作用，引导和监督地方高校及时对创新创业教育课程进行改革。当完成宏观扶持和监督后，在部分地区内便可以建成功能相对完善的创客空间，而一些本就存在的创客空间也可以进一步得到外部力量的扶持，再一次完善内部的资源体系。

（二）校方应调整创新创业教育重点，调动校内资源进行建设

当官方下达政策扶持指令后，校方便也应该对创新创业教育体系进行调整。首先，校方可以派出专门人才，即创新创业教育人员和教育管理人员通彻地进行创客教育学习。学习的根本目的在于要将来自外部的专业创客教育经验带回到校内。而后校方便可以在专业人员的辅助下完善创新创业教育系统，要将创客教育的优势尽可能糅合到原有的创新创业教育体系中。其次，校方可以要求财务人员重新规划财务预算，要调取合理的资金资源和教育资源来充实创客教育体系，务必要令创客教育的建设还原最核心的教育状态，这样才能为校内学生提供更加专业和有质量的创新创业教育。

（三）吸收外来人才，加大内部人才培养力度

校方应该持续培养两种人才，第一种为由内部创新创业教师升级而成的创客教育人员；第二种则为外部应聘来的创客教育人才。在当前社会范围内，创客教育人员经验丰富，如若能够将其引入校园，则可以采用聘请方式，如若不然，也可以建立长期合作关系，由这些教师对校内的创新创业教育人员进行周期性培训，直至内部教育教学人员具备了创客教育精神和技能。同时，教师也需要将视线放到创客教育行业外部，务必紧盯教育领域中更新的信息，从而争取在第一时间获取专业的教育改良信息，并将信息传达到内部教育空间中。

（四）重塑教育教学体系，创建功能完善的实践教育空间

校方应先调整不同专业学生的专业课程时间，尽量处理教学内容存在重合的课程，也就是将其加以融合，进而节省专业课教学时间。而后校方应该利用周末时间开放创客空间，继而为学生提供功能更加全面的实验空间。教师可以及时与学生进行联系，若学生拥有成为创客的潜力，那么教师应该要求学生尽快进入实践空间内完成对个人创意的验证。若验证成功，则可将经验共享，且教师和校内前辈具有扶持大学生创业的义务。针对此，校方也可以在创客空间内建立互动规则，即每一届学生可以免费获取教师和专业人员的经验辅助，但当其成功创业后，也有义务辅导下一届学生，把经验传递下去。这样便可以在功能完善的基础上夯实经验教育循环特性，彻底激发创客空间的实际作用。

第三节 高校创新创业教育多元协作的价值取向

协同理论要求高校创新创业教育在实施中实现多元协作。协同理论下高校

创新创业教育多元协作既要满足学生创新创业能力的发展需要，又要符合社会发展对创新创业人才的需求。要满足这两个需求，必须突出创新创业教育过程中学生的主体价值，必须建立有效的创新创业教育多元协作协同机制，必须在多元协作体系中发挥序参量的关键作用。具体到实施中，要求以学生为中心加强创新创业教育资源的协同供给，发挥高校纽带作用，营造多元协作的教育生态环境。

一、协同理论及其与高校创新创业教育的密切关系

（一）协同理论的基本主张

协同理论主要研究系统在协同作用下从无序到有序的动态发展规律。协同理论的基本观念是，在系统内部结构反复从不平衡到平衡的变化过程中，具有相似的规律，这一规律可以揭示复杂系统持续发展的内在运行机制。一个系统的运行发展，主要是由构成其整体的各子系统间的共同作用推动的，子系统间关系的协调性与平衡性，决定了整个系统的稳定性与发展水平。协同理论研究的基本任务正是发现各子系统间相互作用的规律，对解决系统内部复杂问题有着积极的指导意义。

协同理论的核心原理是协同效应、伺服原理和自组织原理。

协同效应是系统内部协同作用下的结果，在各类系统中普遍存在。子系统在不同的外部扰动及内部变化影响下，相互之间会产生不同的协同作用。协同作用同时还是推动系统内部结构、状态变化的主要动力。当协调作用的影响达到质变水平时，就会促使系统由无序状态进入有序状态，即产生协同效应。

伺服原理描述的则是系统内部不同变量之间的关系及发挥作用的规律，即系统内部慢变量支配快变量，序参量主宰变化过程。其中序参量是一种从无到有，且可以标志新结构形成的特殊慢变量。伺服原理是通过对系统变化临界区域的变量观察得出的，从慢变量的变化规律中可以分析出系统内部平衡状态变

化的走向，而对序参量的把握则可以帮助观察者找出系统变化的决定因素，乃至实现对系统的整体调控。

自组织原理描述的是在非外部组织命令指引下，系统内部通过自发组织、协调形成新的平衡结构的作用规律。自组织原理关注的是系统内部的运行变化，自组织的过程并非随意进行的，往往要遵循一定的内在规则，这种规则并非外部制定，而是在子系统协同运行中形成的。

（二）协同理论与高校创新创业教育的密切关系

高校创新创业教育是一项复杂而系统的工作，涉及内容较为多元，所形成的创新创业教育体系也是一个复杂的系统。这个复杂系统的运行过程及其结果可以为协同理论的研究提供丰富的分析素材。反过来，协同理论作为分析系统运行发展规律的理论，又可以帮助高校更好地把握创新创业教育系统运行发展的规律，进而为创新创业教育的系统研究提供支持。

高校创新创业教育的实践为协同理论研究提供分析素材。任何一种理论的发展，都离不开基于实践的大量研究作为支撑，协同理论也是如此。高校创新创业教育体系的形成，意味着一个较新的系统出现，这本身便为以系统为研究对象的协同理论研究扩展了素材的来源。同时，高校创新创业教育的实践活动也为协同理论在现象分析与原理检验方面提供了有力支持，这对推动协同理论自身的创新发展是具有积极意义的。

协同理论为高校创新创业教育工作开展提供指导。基于协同理论所展开的分析研究，还能够帮助教育主体更准确地找出影响创新创业教育工作开展效果的关键因素，进而有针对性地确立工作方案。通过协同理论的分析结果指导教育实践，可以提高创新创业教育体系的完善性，以及教育实践的有效性。

二、协同理论下高校创新创业教育多元协作的出发点及要点

（一）高校创新创业教育多元协作的出发点

一方面，当代教育的核心理念是以人为本，必须将学生放在主体和中心位置，一切从学生出发。素质教育对学生素质能力的提升起着重要作用。在高校创新创业教育的多元协作中，也要坚持以学生为中心和素质本位的原则，即将学生创新创业综合素质，尤其实践能力的发展，作为多元协作的出发点，各参与主体应围绕这一出发点进行充分协调、合作，合理调配教育资源，发挥协同作用，以有效提升学生创新创业能力。

另一方面，教育工作的关键价值体现在为经济社会发展服务上，所培养的人才，以及人才在知识技术创新方面所取得的成果，都应当能够为社会发展提供服务。为社会培养急需的人才，也是教育工作的目标。因此，在高校创新创业教育多元协作中，也要以社会发展的实际需求为出发点，既包括地方性的创新发展需求，也包括全国范围内各行业领域发展对创新创业人才的需求。只有切实从需求出发，才能保证创新创业教育实践的针对性，这也是实现多元协作中多方共赢目标的基础所在。

（二）高校创新创业教育多元协作的要点

1.在多元协作中突出学生主体价值

切实提升学生创新创业能力是多元协作的出发点，但在教育实践中，常常因为各参与主体在理念、思维、协作策略、利益侧重方面的偏差，导致学生的主体价值被忽略，变成完成教育任务或响应政策号召而开展创新创业教育。这样的情况，就可能导致创新创业教育与现实脱节，陷入形式化困境，且由于不关注学生实际，导致学生对创新创业教育缺乏兴趣，自身素质能力得不到有效

提升，进入社会无法保证成功达到创新创业目标。

2.建立有效的多元协作协同机制

协同理论较为关注系统内部自组织功能作用的发挥，在高校创新创业教育的多元协作中，系统内部各部分最初呈现为离散的状态，协作是围绕学生、社会需要、各方利益而实现的。在这一系统中，如不能建立有效的协同机制，很容易导致各方之间的配合存在盲目性和随意性，难以达到资源价值的整体最大化水平。建立有效的协同机制，就是要通过各协作参与主体间的沟通，构建各方共同认可的最佳合作规则，有效发挥系统内部自组织功能的积极作用，提升创新创业教育的整体有效性。

三、协同理论下高校创新创业教育多元协作体系的构建策略

（一）以学生为中心加强创新创业教育资源的协同供给

基于自组织原理，高校创新创业教育多元协作的成功，需要依靠多元协作体系内部各子系统之间的自发组织和协同运行来提供保障，在非政府政策引导和管理约束状态下，保证多元主体间的整体协调是极为关键的。一致的出发点和中心能够促进各参与主体行动目标和资源调配方向的统一，这也有助于协调和联系多元协作体系内部各子系统的纽带的形成，使整个体系持续向更高层次的平衡状态推进。高校创新创业教育多元协作的出发点是学生创新创业能力发展和社会发展对人才的需求，人才培养是其中的关键。因此，在多元协作体系的构建上，首先就要以学生为中心进行创新创业资源的协同供给。

第一，高校方面应当做好学生个性特征的分析，有针对性地开发校本、班本乃至学生小组本位的创新创业教育课程资源，全面强化课程与学生实际相匹配的精准性，注重调动学生对创新创业的兴趣，突出学生的主体价值。

第二，企业、社会机构、家庭等各方则要围绕学生创新创业能力培养的需求，通过有效配合，共同为学生提供相应的教育资源，发挥各自的长处，为学生创新创业素质的提升创造良好的条件。

第三，高校还应当加强与其他各方之间的资源交互利用，发挥资源的共享优势，强化创新创业教育资源供应链条的完整性。通过在资源供给上的有效协作，为高校创新创业人才培养发挥保障作用。

（二）发挥高校纽带作用营造多元协作的教育生态环境

根据协同效应的原理，对高校创新创业教育多元协作体系而言，能否产生积极的协同效应，决定着多元协作的成败。在高校创新创业教育多元协作体系的构建中，高校无疑是各子系统中最关键的一环，因此，高校应当注重发挥自身的纽带作用，做好与政府部门、企业、社会机构、学生家庭以及学生个人的多元沟通，强化协同效应的发挥，着力构建有益于多方交流、多元协作的创新创业教育生态环境。高校方面不仅要做好协调沟通工作，也要为学生创新创业项目提供可行性评估、专业指导、环境支持、过程监督等服务。政府部门应当发挥宏观支持作用，不仅要在政策、资金等方面对高校创新创业教育给予支持和保障，还要为高校创新创业人才培养提供基于大数据的总体指导。企业方面则需要积极参与高校人才培养，发挥实践基地、校外智囊的作用，同时也要将创新精神融入企业文化，并将创新能力纳入人才选拔的标准，让学生感受到当代企业对创新创业的重视。社会机构方面，相关教育机构应当积极探索创新创业社会教育的路径，为高校创新创业教育提供外部补充，科研机构则应发挥科研工作的带动作用，以此强化科研力量及成果方面的支持。学生家庭方面，应当正确认识创新创业的意义，积极引导学生就业观、择业观的形成与发展，尊重学生的创新创业选择，避免不当限制或干预，为学生提供自主、宽松的发展空间。最后，在高校的教育引导和外部环境的整体支持下，学生个人或团体则应充分运用有利资源，发挥自身创新潜能，主动积极地参与到创新创业探索当中，努力提升自身的创新创业能力。

（三）立足多赢目标挖掘推动创新创业教育协同发展的序参量

对创新创业教育多元协作各环节发展规律的内部变量进行分析，可以发现起到决定作用的序参量主要有两类，其一是科研创新成果，其二是各高校独有的优势特色。

科研创新成果需要大量理论研究和实践探索尝试才能得到，科研创新成果的出现，必然会推动教育的发展，促进人才知识结构的革新，进而强化人才创新创业能力。在科研创新成果的应用价值转化中，又会为社会相关领域的发展注入关键动力，以此发挥序参量在系统中的作用价值。这就要求高校把握好科研创新这一环节，加大科研投入，协同其他各方加强对学生科研创新项目的支持，提升创新创业教育过程中科研创新成果产出和转化率，提升学生创新创业实践的成功率。高校普及创新创业教育的核心目标是培养具有个性和创造力的多样化人才，要实现这一目标就必须把握好高校自身优势特色这一关键变量。在创新创业教育体系中，高校自身优势特色往往需要通过大量资源和时间投入才能形成，同时，优势特色一旦形成，又能够有效强化高校创新创业人才培育的能力，凸显序参量的关键作用。因此，要体现这一序参量的价值，还应通过整合校内外资源，完善塑造教育理念，以及充分结合强势专业和区域需求，打造各高校独有的优势特色，以培育出特色化的创新创业人才。

不仅高校如此，政府、企业、社会机构等参与主体也需要挖掘自身在创新创业教育实践中的优势特色，在多元协作中实现优势互补，驱动创新创业教育系统内部各部分的协同发展，保障创新创业人才培养的效果。

第四节 构建高校创新创业教育共同体研究

将共同体概念引入创新创业教育，研究构建高校创新创业教育共同体。基于共同体的构成与特性，体现创新创业的实践属性，遵循创新创业教育基本规律，实现共同体的核心诉求，可围绕培育具有"共同学习"理念的多元化主体，建构具有"深度融合"基础的多样化介体，建设具有"共生共长"基因的多层级环体等途径开展。

一、高校创新创业教育共同体的基本特性

按照在创新创业教育过程中的角色与功能，创新创业教育共同体分为主体、客体、介体和环体四个部分。主体是指主动参与创新创业教育实践活动的个体与组织机构；客体相对主体而言，是主体认识和实践活动的对象；介体指的是创新创业教育过程中，主体和客体相互联系、相互作用的中介要素和载体；环体指与创新创业教育密切相关并对其产生影响的外部条件和环境。创新创业教育共同体具有以下基本特征：

1. 主体与客体的可转化性

主体和客体是在特定阶段和时空条件下形成的，客体的历史性特征使得外部环境发生变化时，主体和客体可以发生变化。在创新创业教育过程中，创新创业教育的组织者在一定阶段处于主体地位，参与其中的大学生属于客体，随着外部条件变化，客体创新创业知识与本领的积累，主体与客体的位置会发生

置换。互联网技术的普遍运用，知识传授与积累的途径不断演变，知识更新速度与频率不断加快，主体客体的转化将更为频繁。

2.共同体的共生性

主体和客体生长在环体中，外部环境和条件的变化影响着主体和客体的生长速率和质量，主体和客体的生长对环体建设产生正向推动作用；主体和客体的相互联系和相互作用通过介体来实现，介体的载体和平台影响着主体和客体的功能性发挥，主体和客体自身的生长和发展对介体的供给质量提出了新要求；主体和客体的相互转化表明二者存在着共生共长的特性，并影响着介体和环体的不断更替和进化。因此，积极把握共同体的共生性，强调有机体内各子体的同生共长，对高校创新创业教育具有极其重要的作用和意义。

3.共同体的系统性

共同体内各子体相互依存、相互影响，一起构成了创新创业教育共同体，各子体缺一不可，相互促进且相互制约，在共同体内各自发挥着自身的功能与特性，共同影响和促进共同体的发展。创新创业教育共同体，是同生共构的有机整体。高校创新创业教育共同体的成效显现，关键在于不断加强共同体各子体的相互耦合和促进，提升共同体的系统性和科学性建设，支持和鼓励校内外创新创业教育主体的协同配合和深度融入。

二、构建高校创新创业教育共同体的基本要求

（一）体现创新创业的实践属性

创新创业的逻辑起点在创新，创新在于因对现有事物的不满而激发的一种变革和创造的意愿和诉求，是个体在对美好生活向往的基础上展现的一种内生原动力，其内在是一种意识和精神。创新精神和意识建立的前提是对现有事物的充分认知和深入了解，建立在对一定领域内的现有知识、技能的掌握和行业

职业发展历程、趋势的研判,从这个层面讲,创新创业教育需要主体对经济社会发展具备足够的认知和研究,需要高校创新创业教育主体紧贴创业环境更新教育内容、方法与手段,不断满足客体对于知识与技能的渴求,增加客体自身的积累。

创新创业的逻辑重点在于创业,诚然,这里的"创业"不是狭义上的创办一个企业实体或者项目,而是广义上的创意、创造和改变,其可以是一个新公司或者新项目的创建,但也可以是经济社会发展中某一个生产流程、工艺技术或者产品研发上的创新或创造。创新精神的外化,需要依托具体的介体来体现其实践属性。对于高校创新创业教育共同体而言,如何加强创新创业的实践属性,如何做到"教中学"和"做中学"两者的合理结合,是高校创新创业教育共同体构建过程中不可回避的一个话题。

(二)遵循创新创业教育的基本规律

教育的基本规律要求在教育过程中处理好社会发展与人的发展的关系,教育活动的开展必须关注人的发展并服务经济社会发展,而服务社会与人才培养也是高校的基本功能之一。创新创业教育作为高校教育活动之一,也必须遵循上述规律,坚持教育的长期性与生产性,确立科学合理的教育目标与实施方案。

1.必须坚持服务社会的基本原则

紧密围绕高校所在区域经济社会发展特色,服务高校自身战略发展规划,开展特色鲜明、具有差异性的教育实践活动。加强与当地经济社会发展的汇聚融通,加强创新创业教育的论证与研究,鼓励各高校创新创业教育特色发展与个性化开展,避免出现"千校一面"的同质化现象。

2.必须坚持以学生为中心

教育的生产属性要求高校在开展创新创业教育时,必须以学生为中心,坚持普适性与个性相结合,精神培育和知识传授相结合,创新创业教育与专业教育相结合,通过全面铺开且注重个性的教育活动来培养创新型人才。

3.必须坚持系统性发展

教育的长期性表明创新创业教育要建立科学合理的实施方案和评价体系，将创新型人才培养作为创新创业教育的目标，将创新精神和意识的培育作为创新创业教育的重点，避免片面地将创业项目数量、比赛获奖指标等作为创新创业教育的评价指标，以实现创新创业教育的长期、系统性发展。

（三）实现共同体的核心诉求

善与美是共同体构建的本质要求，高校创新创业教育共同体建设也需要把握这一基本原则。共同体中多元主体的共处，各子体的共生共长，需要内部各要素的和谐共处与相互协作。高校创新创业教育共同体的构建，需要校外多样性主体的融入和支持，需要校内教师主体和学生客体的投入和融合，上述途径的实现需要各子体具有向上向善的共同追求。共同体的构建，基于共同的价值认同和目标追求，源于共同的价值信仰和情感认同。构建高校创新创业教育共同体，本质是对创新创业的不懈追求和持久奋斗，关键是创新精神和意识的培育和养成，落脚点在于具有创新意识和精神的人才的培养与共享，这是共同体对美的追求的最好阐释。

在高校创新创业教育共同体的构建、运营和推进过程中，创新是贯穿和维系这个共同体最核心的基因和元素，如何保持和维系共同体具有长久且可持续的创新基因和动能，持续且高质量地培养符合经济社会发展需要且具有创新意识和创新技能的高素质人才，是构建推进创新创业教育共同体生存发展的关键。当创新精神和意识在创新创业教育中的客体中不断生根和成长，共同体的构建成果将不断涌现并回馈支持原有共同体的迭代和更新。

三、构建高校创新创业教育共同体的基本路径

（一）培育具有"共同学习"理念的多元化主体

1.理念共识组建多元化主体

在创新创业教育共同体语境下，主体是指组织和实施创新创业教育的机构和个人，创新创业教育理念共识下的多元主体的相互补充与相互促进有利于丰富介体内容，优化环体整体生态，也利于主体与主体间，主体与客体间的共生共长。创新创业的实践属性对主体的实践经验和技能都提出了更高的要求，部分高校教师从学校求学到学校教学的单线条经历使得其在专业知识积累上存在一定优势，但在实践性上存在不足。共享校外具有实践经验的创新创业人才充实教育主体是保持创新创业共同体活力的重要保证，商业机会捕捉、行业前沿动态、项目规划运营等系列优势，将成为创新创业教育的有益补充。共同体中主体和客体的可转化使得高校大学生个体在特定条件下会成为创新创业教育的主体，大学生更为强烈的求知欲、冒险精神等都充实了主体结构，且大学生自身的朋辈效应对客体而言存在着较为强烈的示范效应。在创新创业精神与意识培育的理念下，上述多元主体组建将有力推动共同体的培育与发展。

2.愿景共识组建学习共同体

网络技术的使用、知识更新速度加快，对个体学习能力提出了新要求，创新创业的创新基因要求个体保持不断学习与改变。共同体中的主体客体基于同样的价值取向、目标愿景和兴趣爱好结合在一起，共同追寻创新改变与革新创造，立足于共同的目标共同参与，同学共长成为共同体成长的必由之路。与此同时，共同体的多元组成，为其组建学习共同体提供了良好的现实条件，彼此间知识结构的错层差异构成了良好的互补体系，差异化的思维方式在碰撞中也为创新提供了新的动力和源泉。

（二）建构具有"深度融合"基础的多样化介体

1.以需求为导向促进深度融合

创新创业教育的全面开展导致了客体需求的多样性，单一模块的传统教育已不能满足客体成长的需要，借力多元主体促进深度融合生产高质量内容是创新创业共同体的必然路径。创新创业教育的深度融合指借助互联网等数字信息技术，利用校内外资源要素，借用专业教育的媒介和平台，生产具有引领提升效能的多内容，将创新创业基因和元素由浅入深地融入高校日常教育。生产多内容介体，更新演进介体的智慧化和时代化特征，要实现创新创业教育与专业教育的融合，应在人才培养方案、课程设置、第二课堂等方面导入创新创业元素，提升介体的专业性；要促进校外资源和校内资源的融合，打通高校内部的院系设置壁垒，应在校内资源整合的基础上引入共享校外资源要素，实现在教师聘用、创新实践、基地建设等方面的融通共享，提升介体的时代性；加大知识传授与实践训练的融合，坚持创新创业的实践属性，不断更新创新创业教育的场景、方法，提升介体的实践性。

2.以客体为中心生产多样化内容

创新创业教育的内容指共同体供给客体的内容与产品，可以是创新创业实践场地、实验室等硬件服务，也包括创新创业课程、训练以及指导培训等软件产品。在高校学生"全客体"的环境下，客体自身特性的差异决定了其目前所处的小环体的差异，不同环体对物质营养的需求存在着结构性差异，需要大环体分类分层提供多样化内容。高校创新创业教育共同体需要根据客体所处阶段，提供用来激发、引导、培育、指引等具有多样化功效的内容和产品。

（三）建设具有"共生共长"基因的多层级环体

1.文化引领凝聚共同体共识

创新创业教育共同体的根本要义在于这一整体系统的高效运行，各子体的和谐共处、良性共生是共同体发展的关键。多元化主体的共存一方面有利于共同体的生长，另一方面，主体间的差异也会影响共同体的发展。构建高校创新创业教育共同体，要切实发挥文化引领的作用，构建包容共生的共同体文化，坚持求同存异合作共赢的基本原则，充分尊重并调动新加入主体的主动性和积极性，做好整体组织与协调，发挥共同体的合力。

2.多环联动建设共同体基石

多元主体开展创新创业教育，高校主体镶嵌于政府、家庭、企业等生态架构中，高校的创新创业教育角色和定位不仅仅由高校来决定，需要根据环体建设情形进行系统性统筹。客体参与创新创业教育的成效一方面取决于主体生产内容，另一方面客体生长在环体中，环体提供的政策环境、舆论环境影响着客体的参与。高校、政府、家庭要多方联动，共同建立线上线下系统推进的环境体系，实现创新创业环体建设全覆盖，优化创新创业环境。

第五章 大学生创新创业教育培养体系构建依据

第一节 大学生创新创业教育培养体系构建的必要性和可行性

一、大学生创新创业教育培养体系构建的必要性

（一）知识经济时代的必然选择

在知识经济时代，知识创新能力和科技创新能力对于国家综合国力的发展具有重要作用。因此，世界各国不约而同地聚焦创新型人才的培养，致力于培养新时代需要的高素质创新型人才，以便在日趋激烈的国际竞争中占据有利位置。

知识经济时代充满机遇和挑战，为把握机遇、应对挑战，我国非常重视提高自主创新能力。创新的关键是人才。我国创新型国家发展战略的实现需要高素质创新型人才的支撑。人才的培养靠教育，高等教育承担着培养创新型人才的使命，发展创新创业教育是高校人才培养的一个重要努力方向。

（二）高等教育可持续发展的必然要求

我国已经成为世界高等教育大国，这是一项了不起的成就，但是我国还必须深化高等教育改革，提高高等教育办学水平和办学质量，实现向教育强国的转变。从根本上讲，高校办学水平的高低和办学质量的好坏取决于培养的大学生是否符合社会发展的需要。同时，当今社会对人才素质的要求越来越高，高校培养的大学生是否符合社会发展的需要，要看大学生综合素质的高低。构建大学生创新创业教育培养体系，将大学生创新创业教育贯穿于高校人才培养的全过程，能够转变以传授知识为主的教育理念和教育模式，并为大学生自主创业创造优良的环境和条件，提高大学生创业成功的概率。

大学生在毕业之后能实现自我价值，获得较好的发展，对学校的声誉和发展也很重要。如果大学生毕业之后发展前景好，就会提高学校的声誉，学校的生源质量也能提高。在学校提高生源质量后，基础好的学生通过大学生创新创业教育体系的培养，更容易成才。如此形成良性循环，有利于深化高等教育改革，推动高等教育可持续发展。

（三）大学生个人成长的迫切需要

大学生要成为高素质人才，必须全面发展。人的素质不仅包含了思想品德素质、基础文化素质、技术和职业素质，还包含了创业素质。一个优秀的人才，不仅要德、智、体、美、劳全面发展，还要具有开拓意识和创新精神。在人的素质中，创业素质的综合性更强、层次性更高，培养难度也相对较大。

构建大学生创新创业教育培养体系，对大学生的个人成长具有重要意义，可以为大学生的发展奠定基础、提供帮助。高校开展创新创业教育，能够提高大学生对创新创业的积极性和主动性，有利于挖掘大学生学习和做事的潜力，有助于充分发挥大学生的能力和才华。高校开展创新创业教育，有规划、有模式、有平台地培养大学生的实践意识、事业心和责任感，提升大学生的实践能力，这些对大学生将来的职业发展非常重要。此外，政府、高校、企业为大学生创业提供保障、支持和服务，也有利于推动大学生创业的成功。

因此，大学生能力和素质的提升，就业竞争力的增强，创业梦想的实现等，迫切需要高校构建大学生创新创业教育培养体系。

二、大学生创新创业教育培养体系构建的可行性

（一）国外高校创新创业教育先进经验的借鉴价值

西方一些发达国家形成了比较系统、完整的大学生创新创业教育培养体系，其相关理论和经验可供我国借鉴。在此，列出国外高校构建大学生创新创业教育培养体系的一些成功做法：

第一，将创新型人才的培养作为高校办学的重要使命之一，把创新创业教育贯穿高校人才培养的每个环节。

第二，构建创新创业教育支持和保障体系，为大学生创新创业提供政策支持和法律保障，并且通过灵活的融资方式为大学创新创业提供资金支持。

第三，建立校内外创新创业师资队伍，重视利用企业家的经营管理和创业经验，提高创新创业的教育水平。

第四，学校、政府、企业联系密切，构建创新创业教育协同机制，共同为大学生创新创业活动服务。

这四个方面是国外高校构建创新创业教育培养体系先进经验的一部分，对我国大学生创新创业教育培养体系的构建具有重要的启发价值和借鉴意义。

（二）我国大学生创新创业相关政策的保障

创新创业已经成为我国社会热潮，对国家、社会和个人都具有积极意义。近年来，我国出台了一系列创新创业相关政策，为大学生创新创业教育培养体系的构建营造了一个良好的环境。举例如下：

国务院办公厅印发的《关于发展众创空间推进大众创新创业的指导意见》，

简化创办企业的手续，为创业者提供优惠政策，优化市场竞争环境；《国务院关于进一步做好新形势下就业创业工作的意见》强调加强创业服务；《国务院办公厅关于深化高等学校创新创业教育改革的实施意见》对高校发展创新创业教育提出了具体要求；国务院印发的《关于大力推进大众创业万众创新若干政策措施的意见》指出，为创业者提供金融支持，激发创业活力；国务院办公厅印发的《进一步做好新形势下就业创业工作重点任务分工方案》强调各部门要加强协作，更好地为创业者服务。

（三）我国大学生创新创业意识的觉醒

在开展创新创业教育之前，大部分大学生在毕业之后，都希望找到一份稳定的工作，很少考虑自主创业。在毕业之后自主创业的大学生，往往是因为没有找到心仪的工作，不得不选择自主创业，他们中的很大一部分人，一边创业，一边仍在寻找稳定的工作机会。这种择业心理反映了大学生并不热衷创新创业。

近些年，这一情况有了转变。目前，我国大学生创新创业意识觉醒，逐步成为"大众创业、万众创新"的生力军，越来越多的大学生在学校期间就开始寻求机会自主创业。同时，大学生创新创业意识的觉醒推进了大学生创新创业教育培养体系的构建。

第二节 大学生创新创业教育培养体系构建的目标和内容

一、大学生创新创业教育培养体系构建的目标

人类的任何一种活动都是由目标引领的，目标又可以分为总目标和分目标，大学生创新创业教育培养体系亦然。

（一）构建大学生创新创业教育培养体系的总目标

创新是时代的主题，人才是创新的基石，社会主义现代化建设同样需要人才，而创新创业教育培养的就是创新型人才。大学生创新创业教育培养体系的总目标应是：构建一个科学、合理地涵盖创新创业教育知识体系、支持和保障体系、实践平台、评价体系的系统，整合校内外各种资源，把创新创业教育融入高校人才培养中，创造优良的创新创业环境，促进大学生全面发展，为实现社会主义现代化建设提供人才保障。

（二）构建大学生创新创业教育培养体系的分层目标

不同大学生的创新创业态度不同，创新创业兴趣不同，创新创业实践能力也不同。不同的教育个体有着不同的特点，教育者需要采用分层目标教育法来解决教育过程中出现的实际问题，这样才能提供针对性更强、效果更好的指导。

因此，根据受教育对象的不同情况，可以把大学生创新创业教育培养体系

的目标分为以下三个层次：

1.普及型的创新创业教育

普及型的创新创业教育强调传授基础知识，唤醒大学生创新创业的意识。不少大学生有通过创业实现自我价值的想法，渴望接受创新创业教育。面对大学生这一普遍性的需要，高校开设创新创业教育课堂，向大学生普及创新创业基础知识就显得尤为重要。

普及型的创新创业教育属于创新创业教育培养体系中的基础层次，目的是激发大学生创新创业的兴趣，引导大学生了解创新创业的基础知识，对大学生而言具有一定的启蒙意义。

2.专业型的创新创业教育

专业型的创新创业教育以实训课程为主，以竞赛活动为辅，旨在提高大学生的实操能力。对于一部分有创新创业想法的大学生，高校应当开展专业型的创新创业教育，来满足他们的需求。专业型的创新创业教育提供给大学生的不仅仅是创新创业基础知识，还有各种实践课程和各类竞赛活动。理论结合实践，可以进一步加深大学生对创新创业理论知识的理解。

3.个性化的创新创业教育

个性化的创新创业教育可以提供物质支持和技术指导，帮助大学生实现创新创业愿望的孵化。

个性化的创新创业教育，也称孵化教育，主要针对的是掌握了一定的创新创业知识和技能，同时也有创新创业想法的大学生。个性化的创新创业教育可以对大学生的创业项目提供物质支持和技术指导，在政策、资金等方面服务大学生创新创业。孵化教育是大学生创新创业教育中的高层次教育，它的主要功能是将大学生的创新创业愿望成功转化为创新创业实践。另外需要注意的是，个性化的创新创业教育不仅仅是为大学生的创业项目提供孵化平台，给予政策和资金支持，还应给予大学生经营方面的指导。

二、大学生创新创业教育培养体系构建的内容

（一）优化大学生创新创业教育知识体系

大学生创新创业教育知识体系由大学生创新创业教育课程体系和大学生创新创业教育师资队伍两部分组成。完善的大学生创新创业教育课程体系和高素质的师资队伍是开展大学生创新创业教育的保障。

1.大学生创新创业教育课程体系

大学生创新创业教育课程是高校实现人才培养目标的有效途径。大学生创新创业教育课程体系的设置要遵循一切从实际出发的原则，符合高校自身的特点和大学生的成长特点。大学生创新创业教育课程体系的设计必须坚持"以人为本"，向大学生传授完整的创新创业基础知识，以达到促进大学生全面发展的目的。此外，大学生创新创业教育课程体系的设置应体现多样性、层次性和实践性。同时，大学生创新创业教育课程体系的设置要满足社会经济发展的需要，服从国家发展战略。

大学生创新创业教育课程体系必须系统、完整。根据培养创新创业型人才的需要，大学生创新创业教育课程体系的主干课程应包括创新创业必修课、创新创业选修课、创新创业专业实训课、创新创业专业实践课等。

创新创业必修课帮助大学生养成创新创业意识，了解创新创业基本知识；创新创业选修课根据大学生的需要，选择性地传授创新创业知识，完善大学生的知识体系；创新创业专业实训课通过模拟仿真的创业环境，检验大学生的创业管理能力和对创业风险的防范能力；创新创业专业实践课借助校内外创新创业教育基地，使大学生在课堂上学到的专业知识应用于创新创业实践活动，提高大学生的实践能力。

（1）创新创业必修课

高校开设创新创业必修课，必须规定相应的学分和课时。需要注意的是，

创新创业必修课属于创新创业教育基础课程，因此，创新创业必修课应根据大学生普遍的、共同的需要设置课程内容。创新创业必修课的教学完成标准要符合大多数大学生的水平，不应过高，也不应过低。如果大学生获得专利或者注册公司，高校应审核授予其相应学分。创新创业必修课旨在传授创新创业基础知识，激发大学生创新创业的热情。

（2）创新创业选修课

创新创业选修课主要满足对创新创业某方面有浓厚兴趣的大学生的需要。创新创业选修课致力于培养在创新创业方面有潜质的大学生，挖掘这类大学生的潜力。创新创业选修课能够把具有不同专业知识和思维习惯的大学生聚在一起，引导他们相互交流，在思维碰撞中获得更多灵感。创新创业选修课主要培养大学生的三大能力，即从事某一职业所需要的专业能力；科学、合理地整合人、财、物、时间、空间的经营管理能力；把握机会、搜集信息、适应变化等的综合性能力。

（3）创新创业专业实训课

创新创业专业实训课模拟真实的创业环境，让大学生模拟创业的过程。这种教学课程能够培养大学生对创业的预见能力、规划能力，以及处理突发事件的能力。

（4）创新创业专业实践课

大学生创新创业教育的实践性很强，因此，创新创业专业实践课必不可少，且它在创新创业教育中占据着重要的位置。创新创业专业实践课除了利用高校的资源外，还要充分利用企业的资源。如果企业参与大学生创新创业实践教学，不仅能为大学生提供实践平台，还能为大学生提供很有价值的指导和帮助。市场是残酷的，创业失败很可能意味着人力、物力、财力的耗损，而大学生创新创业的资源是很宝贵的，所以大学生创业需要有充分的调研和周密的计划。大学生形成创业想法之后，需要有专业的教师进行指导，经过充分的市场调研，再制定出可行性较高的创业方案。在做完一系列准备工作之后，再进入市场，在真实的市场环境中闯出自己的天地。

2.大学生创新创业教育师资队伍建设

高素质的教师是保证创新创业教育质量的重要条件。目前，我国大学生创新创业教育师资队伍主要由三类人员组成：一是高校创新创业教育专业教师，他们一般有较好的理论基础，能够系统地讲解创业所需要的专业知识，但这类教师大多没有创业经验，实践能力比较欠缺；二是由从事学生工作的教师和思想政治理论教师组成的教师队伍，他们对大学生如何成才、如何激发大学生的创新创业意识等有独特的方法，但由于学科知识和实践经验的缺乏，也不能很好地适应创新创业教育需求；三是社会上的企业家、公益人士等，他们有着丰富的创业实践经验，但他们对大学生创新创业教育的理解不系统、不全面。

总的来说，从事大学生创新创业教育工作的教师应该具有较高的道德品质、高度的敬业精神、与时俱进的教育观念、全面的知识结构、高超的管理艺术等。大学生创新创业教育师资队伍建设可从以下几点着手：

（1）制定大学生创新创业教育教师管理制度

建设大学生创新创业教育师资队伍，要制定完善的管理制度。创新创业教育教师管理制度应涵盖以下内容：

明确规定创新创业教育教师的来源、权利和义务，通过奖惩制度激励教师，调动教师的积极性，保证教师的稳定性。

（2）重点打造大学生创新创业教育专职教师队伍

打造高素质的创新创业教育专职教师队伍，能够保证创新创业教育质量，有利于提高创新创业教育在高校的地位。打造创新创业教育师资队伍，可以从以下几个方面着手：

第一，高校应成立专门的创新创业学院。专门的学院建制能够吸引人才加入，从而在组织上保障创新创业师资队伍建设。

第二，明确大学生创新创业教育专职教师任职资格。创新创业教育的综合性很强，涉及管理学、经济学、心理学、教育学等多个学科的知识，并且具有很强的实践性，这就要求创新创业教育专职教师具有多个学科的知识，并且具备创新创业方面的实践经验。高校应成立创新创业教育学院建设小组，明确创新创业教育专职教师任职资格，并严格监督。

第三，国外高校创新创业教育的起步早，有很多好的做法值得国内高校学习。

第四，高校组织专职教师去企业学习，积累实践经验。此外，高校还应鼓励和扶持有创业项目的专职教师去创业。

（3）选聘优秀的大学生创新创业教育兼职教师

选聘优秀的大学生创新创业教育兼职教师，有利于高校创新创业教育的深度开展。创新创业教育兼职教师要有相关创业背景，这样才能有效地辅导大学生创业。创新创业教育兼职教师可以从下列人员中聘任：

一是有着较高文化素养、丰富实践经验的企业家、创业者；

二是创新创业知名专家，专家对创新创业有着深刻的理解，能为学生提供有效的指导；

三是有创业经历的本校在校生或者毕业生，由他们传授创业知识，分享创业的经验。

（4）加强对大学生创新创业教育师资队伍的培训

高校除了在师资队伍的入口把关，还要建立系统的创新创业教育师资培训制度。培训大学生创新创业教育师资队伍可从以下几个方面着手：

第一，组织创新创业教育教师定期参加国家级或者省级高校创新创业教育师资培训班，提高教师的业务水平，更新教师的教育理念。

第二，定期开展校内创新创业教育师资培训班，聘请国内外知名创新创业教育专家，对创新创业教师的授课内容和授课方式进行专门培训。

第三，鼓励和支持创新创业教师参加国内外相关研讨会。

第四，建立创新创业教育网站，制定线上管理制度，引导创新创业教育教师在网络平台上分享教学经验和课件，加强全国大学生创新创业教育教师之间的交流。

第五，高校组织创新创业教育教师深入企业，学习企业运行模式、经营管理模式等。

（二）完善大学生创新创业教育支持和保障体系

大学生创新创业教育支持和保障体系可确保创新创业教育能够持续、健康、快速发展。大学生创新创业教育支持和保障体系可以为大学生创新创业教育的开展营造良好的外部环境，同时也能为大学生创新创业提供服务、培训和资金等各个方面的保障和支持，促进创新创业教育的有序开展。

大学生创新创业教育支持和保障体系包含政府、社会、企业、高校、家庭五个部分。政府是创新创业教育的主要推动者、组织者、资金支持者，有时还是直接的参与者，能够为创新创业教育提供政策、组织和物质等各类保障，有效推动创新创业教育的发展。社会是创新创业教育的坚强后盾，能提供良好的人力资源，提升大众的创新创业意识，营造创新创业的氛围。企业不仅可以为创新创业教育提供实践场所、实践能力强的师资，还可以为各种创业项目提供支持。高校作为创新创业教育的重要实施者，除了提供师资力量，还能培养学生的创新创业能力。家庭可以为大学生创新创业提供重要的经济支持和精神支撑。

在创业的过程中，大学生不可避免地会遇到各类问题，而政府、社会、企业、高校、家庭构成了大学生创新创业教育的支持和保障体系，可以从以下方面努力：

1.政府

第一，政府可以利用各类媒体对创新创业政策进行宣传和讲解，为创新创业提供舆论支持。

第二，政府除了投入大学生创新创业教育经费，还需要制定激励措施，调动高校和企业的积极性，加大对大学生创新创业教育的投入力度，增加大学生创新创业教育经费的来源，同时政府还要加强对大学生创新创业教育经费使用情况的监管。

第三，政府应制定更多能够满足大学生创业者需求的政策，创业政策要实效性好、针对性强，比如，降低大学生创业的准入门槛、简化大学生创业的审批手续，为大学生创业者提供热情的政策咨询服务等。

第四，为大学生解决创业时面临的最大困难——资金困难，政府应设立大学生创新创业基金，提供免息贷款，出台针对大学生创业者的融资政策，为大学生提供创业起步资金。此外，政府还应出台针对大学生创业者的税收优惠政策、创业补贴和奖励政策，为大学生创业者减轻资金负担。

第五，政府应调动社会力量，联合相关单位，定期审核政策执行的质量和效果，保证政策落实到位。

2.社会

人生存于社会，人的发展离不开社会支持。创新创业教育同样也需要社会支持。

第一，社会为创新创业教育提供人力资源。社会中的校友、家长、企业家等，既可以为创新创业教育提供资金支持，也可以指导大学生创业。此外，各种慈善基金会和公益团体也可以为创新创业教育提供支持。高校要充分挖掘社会资源，寻找支持高校创新创业教育的社会力量，使社会成为高校创新创业教育的坚强后盾。

第二，提高公众的创业意识，使公众成为支持创新创业教育的主要力量。通过教育与培训，使公众认识到大学生创业的重要性，树立正确的创业思想，在社会上形成理解创业、支持创业的氛围，这样创新创业教育才能够得到全社会的支持。

第三，营造创业氛围。充分运用社会传播系统、公共文化服务体系加强对创新创业教育的宣传。从全社会的各项活动中宣传创业，通过文化馆、图书馆、美术馆等公共服务设施宣传典型的创业史，这样才能全方位、立体式宣传创业，形成全社会宽容创业失败、支持创新创业的良好氛围。

3.企业

创新创业型人才的培养能够为企业提供优质的人力资源，企业应加大对大学生创新创业教育的支持力度。

第一，企业本身就是一个创业主体，大学生参观企业，能够更加深刻地了解企业。

第二，企业有着丰富的经营管理经验，能够为大学生创业提供指导。

第三，企业通过与高校共同搭建创新创业实践基地的方式，为大学生提供实践平台。

第四，企业可以跟高校一起搭建创业项目孵化和转化的平台，为大学生创业提供支持。

第五，优秀企业家可以走进高校，跟高校教师一起培养大学生的创新创业综合素质。

4.高校

第一，高校要保障创新创业教育质量，可以通过改进创新创业教育培养方案、优化课程设置、提高师资水平等方式进行。

第二，利用校内各种宣传媒介，比如校报、校广播、学校宣传栏、学校网站、横幅等，向大学生宣传创新创业的意义，并以创新创业为主题，设计朗朗上口的宣传口号。

第三，搜集和整理大学生自主创业事例，编订成册，通过读书会的形式分享这些大学生的创业经历，也可以通过微信公众号和学校网站进行宣传。

第四，邀请大学生创业者举办创业分享会，分享创业经历和心得。

第五，举办各种创新创业类的校园活动，需要注意的是，这类活动要办得有趣，并且受众面要广。

第六，邀请优秀的企业家来学校宣讲，分析这个时代给予大学生创业的机会，由企业家现身说法，讲解创业的意义。

5.家庭

大学生的就业观、创业观及创业素质受家庭环境的影响。家庭成员或者大学生社会交际圈内的人员的创业经历可能对其创业态度和动机产生直接影响。而且，家庭对大学生创业的态度也是决定大学生能否走上创业之路的关键因素。

除此之外，在创业过程中，法律风险贯穿创业活动的始终。从项目选择、创业融资、选择和设定创业组织形式、创业实体管理、商贸交易等，都难免遇到资金、技术、竞争、市场等风险。大学生创业法律风险具有法律性、人为性和可控性、全程性、风险内容法定性等特点。作为刚踏出校门的大学生，由于缺乏社会阅历，在创业过程中可能遇到更大的法律风险。要有效防范法律风险，可从以下几方面着手：

第一，增强大学生创业者的法律风险防范意识。大学生应树立正确的风险观，通过学习与创业相关的法律知识，提升自己的法律素养，能够适时运用法律武器维护自身的合法权益。

第二，政府积极提供法律援助。政府应组建专业的法律援助团队，帮助大学生解决创新创业过程中遇到的法律问题和法律纠纷。

第三，高校要重视法律风险防范教育。高校可以开设相应课程，邀请专业人员授课或者召开讲座，与学生面对面交流。

第四，社会上的各类法律服务机构，如律师协会、律师事务所等，应积极为大学生创新创业提供法律支持。

（三）搭建大学生创新创业教育实践平台

创新创业教育的特点决定了其必须重视实践教学。在创新创业教育中，如何让大学生的创新创业素质得到巩固和发展，创新创业实践是关键。创新创业教育实践平台是创新创业教育的重要支撑。搭建创新创业教育实践平台，应做到以下几点：

第一，要符合大学生成才规律，循序渐进，体现层次性。

第二，创新创业实践方面的教育应贯穿创新创业教育全过程，体现完整性。

第三，高校要整合校内实践资源，争取政府的支持，联合企业建设产学研一体化合作平台，体现协同性。

具体来说，可从以下几方面搭建创新创业教育实践平台：

1. 组建大学生创新创业案例信息库

搜集大学生创新创业事迹，组建大学生创新创业案例信息库。大学生通过信息库学习创新创业事迹，能够清楚地知道在接受创新创业教育时应着重培养哪方面的能力。这些创新创业事迹不仅能启发大学生成为一个有闯劲、有开拓精神的人，还能帮助大学生在今后的创业过程中规避一些风险，少走一些弯路。

2. 建设大学生创新创业模拟实训实验室

大学生创新创业模拟实训实验室包括四大模块：创业基础建立模块，培养创业思维，构建创业知识体系；创业准备模块，分析和测评创业项目；创业实施模块，实施创业计划，成立公司；创业实战模块，经营管理企业，在模拟的市场竞争环境中生存和发展。创新创业模拟实训实验室为大学生提供了一个成立企业、体验企业经营管理、产品策划营销等一体化的创业仿真训练平台，锻炼大学生对创业各个环节的把控能力。

3. 组织开展大学生创新创业竞赛活动

参加创新创业竞赛活动是大学生落实创新创业想法，运用所学到的创新创业知识的重要方式。大学生创新创业竞赛活动设有培训和专家点评两个环节，创新创业小组在这个平台上展示本小组的创业计划，创业计划经过专业的点评和指导会越来越完善，这个过程能够培养大学生的创业思维、开阔大学生的视野。如果有些竞赛项目脱颖而出，被企业看中，创业竞赛项目就有机会实现孵化，大学生的创业梦想也有可能实现。目前，大学生创新创业竞赛活动受到高校和政府的高度重视。值得注意的是，高校要根据学科特点组织开展大学生创新创业竞赛活动。

4. 成立大学生创业园

大学生创业园为大学生提供的不仅仅是场地支持，还有资金支持、培训和指导，为大学生创业提供各种有利的条件。为保证大学生创业园的有效运转，高校要建立创业园管理制度，规范园区管理，同时要在创业园进行文化建设，弘扬创新精神。

5.校企合作成立创新创业实践基地

高校和企业合作，整合双方资源，共建创新创业实践基地。学生可以利用空闲时间去创新创业实践基地实习，积累社会经验，学习企业的经营管理，锻炼为人处世的能力，这对其今后的创业大有裨益。

（四）建立大学生创新创业教育评价体系

科学、合理的大学生创新创业教育评价体系对高校创新创业教育的开展起着监督和反馈作用。大学生创新创业教育评价体系是创新创业教育质量的重要保障，能够对创新创业教育的教与学双向环节的实际效果进行有效考核、评定、检测，规范和引导教师的教学行为，激励和引导学生学习和实践，是推进创新创业教育发展的重要措施，引导着创新创业教育朝高水平发展。

1.评价原则

我国高等教育的评估方针是以评促建、以评促改、以评促管、评建结合、重在建设。通过评估带动学校学科的发展，推动学校改革和创新，不断提高人才培养质量。因此，大学生创新创业教育评估应当以高等教育的评估为指导，结合大学生的特点开展创新创业教育，具体的评价原则如下：

（1）全面性原则

创新创业教育评估的全面性原则是以创新创业型人才培养为目标，在遵循教育内部规律的前提下，坚持用全面的观点对教育现象进行多指标的综合分析和判断。在评价时，既要考虑教育内部的评价，也要遵循教育外部规律，密切关注社会反馈。通过高校、企业、社会、学生等的评价，逐步构建科学的、动态的、开放的大学生创新创业教育评价体系。

（2）导向性原则

评估不是目的，高校要通过评价、反馈和调节，反思创新创业教育存在的不足。同时，要探索如何在创新创业型人才培养中对人才培养目标、培养效果进行合理评价。

（3）一般与特殊相结合的原则

一般性是指在评价时，采用普遍适用的标准。特殊性是指要充分考虑高校软硬件设施条件，以及教育工作者水平的差异，认识到学校与学校、教师与教师、学生与学生之间的差异，在实施创新创业教育评估时加以区分，提出符合实际发展需要的要求。

2.评价内容

创新创业教育评价的内容比较复杂，概括起来应当从教育理念和培养目标、课程设置、学生学业、教师能力等方面进行评价。

（1）教育理念和培养目标的评价

创新创业教育理念和培养目标关系到创新创业教育全过程，体现了高校深化教学改革，培养创新创业型人才的办学指导思想。

（2）课程设置的评价

创新创业教育必须在课程设计上做到结构合理化、内容主体化、形式多样化。课程设置要体现创新创业教育的特殊性，要促进学生创新创业能力的提高；要密切教育与社会实践的联系，提高学生终身学习的能力；要有多样化的课程，充分发挥学生主动性、积极性和创造性，培养学生较强的动手能力及勇于探索的精神。

（3）学生学业的评价

学生学业的评价是教育评价的重要组成部分。创新创业教育中的学生学业评价，主要指对学生创新创业能力的评价，是对学生创新创业活动中的创业行为的价值判断。学生创新创业能力评价是由学校和投资者及政府对学生创业的各个环节，特别是创业者自身的素质、创业群体的整体水平和创业者所拥有的知识产品或服务的科技含量、市场前景、技术的可靠性等进行评判的重要指标。

（4）教师能力的评价

教师能力的评价就是根据教师的知识、技能、教学成果对他们的优缺点以及个人价值作出描述和评判的过程。创新创业教育中的教师能力评价应当从教师的创新创业能力、科研能力等方面进行。

3.评价主体

创新创业教育的评价与高校、社会、政府都有一定的关系，既要看高校的创新创业教育理念，也要看大学生的创新创业效果，特别是对大学生创新创业能力的评估。因此，创新创业教育的评估是多元的，评价的角度也是多维的。

创新创业教育评价的主体是多方面的，主要有高校评价、政府评价和社会评价。创新创业教育评价应该是政府、高校、企业和学生本人等不同评价主体共同参与、交互作用的。不同的评价主体有不同的创新创业教育价值取向，会产生不同的价值判断。综合不同主体的不同创新创业教育价值判断的合理成分，得到的创新创业教育评价结果更具有全面性和客观性，从而更加有利于改进创新创业教育质量。在创新创业教育评价主体中，高校和学生是重要的主体，同时也要吸引政府和企业参与创新创业教育评价，增加创新创业教育的反馈渠道。

4.评价方法

目前，创新创业教育评价方法多种多样，但是这些评价方法并不是杂乱无章的，而是根据实际需要产生的。通常，每一种创新创业教育评价方法都有其特定的内在价值，需要在特定的范围内使用，偏重解决某一类型的问题，从而产生相应的效果。没有哪一种创新创业教育评价方法能够解决所有的创新创业教育评价问题，因此，大学生创新创业教育评价方法要多样化，根据不同的情况采取不同的评价方法。以教师为评价对象的评价方法也很多，通常采用的评价方法有自我评价、学生评价、同行评价等。

第三节 大学生创新创业教育培养体系构建的原则和要点

一、大学生创新创业教育培养体系构建的原则

大学生创新创业教育培养体系并不是主观臆造的，必须按照创新创业教育的规律、大学生创新创业教育培养体系的培养目标等科学地构建。大学生创新创业教育培养体系的构建原则如下：

（一）与思想政治教育相结合的原则

思想政治教育是引导大学生树立正确的世界观、人生观、价值观的基础学科，对大学生成长成才有着非常重要的影响。思想政治教育能够保障大学生创新创业教育有效、持续地实施，对培养大学生的创新精神、创业意识和创业能力起着引导作用。

（二）与传统教育相结合的原则

中国传统教育不仅仅传授知识，还重视帮助学生树立正确的世界观、人生观、价值观，希望学生具备较高的科学文化素养和道德修养。中国传统教育的教育理念和教育方式是被中国教育系统和社会系统所认可的稳定的基础性教育。当前，中国进入知识经济时代和信息化时代，社会主义现代化建设需要具有创新精神、创业意识和创业能力的高素质人才。对中国传统教育进行研究，

会发现中国传统教育包含了创新创业教育因素，但是这种创新创业教育因素是不容易被察觉的。虽然创新创业教育与中国传统教育在教育理念和教育方式上有所不同，但是创新创业教育是在中国传统教育基础上发展而来的，创新创业教育与中国传统教育存在互补之处。需要注意的是，创新创业教育与中国传统教育有机结合时，要保持一定的独立性。

（三）创新性与实践性相结合的原则

大学生创新创业教育既具有创新性的特点，也具有实践性的特点，创新性与实践性不是相互独立的，而是有机结合在一起的。大学生创新创业教育的创新性体现为教育理念和教育方式的创新，教育理念和教育方式的创新来源于实践性。大学生创新创业思维和能力的提高必须通过实践教学的培育。概括地讲，创新来源于实践并指导实践，最终服务实践。大学生创新创业教育创新性与实践性的良性互动关系，有利于提高高校的办学水平和办学质量，能够更有效地培养高素质和高层次人才。因此，大学生创新创业教育培养体系的构建需要坚持创新性与实践性相结合的原则。

（四）一致性与差异性相结合的原则

高校各专业的人才培养目标都是培养符合社会需要的素质高、能力强的人才。创新创业教育培养的是具有创新创业思维和能力的高素质人才，并且符合当代社会的人才观，因此，创新创业教育与高校各专业的人才培养目标是一致的。然而，地区不同，高校类型不同，学科不同，专业不同，学生的情况不同，创新创业教育模式也有所不同。高校开展创新创业教育要根据实际情况，因材施教、因地制宜，设计不同的教学方式和教学目标。

二、大学生创新创业教育培养体系构建的要点

大学生创新创业教育培养体系实际上是一项极其复杂的系统工程。构建大学生创新创业教育培养体系包括教育观念的更新、师生关系的调整、各种体系的搭建和各项资源的整合等。结合我国创新创业教育实践情况,大学生创新创业教育培养体系的构建必须把握以下几个要点:

第一,要以科学的创新创业理念设计大学生创新创业教育培养体系,与时俱进,实现从精英教育向大众教育、从创业教育到创新创业教育、从阶段教育向终身教育的转变。

第二,创新创业教育必须面向全体大学生,而不是只针对部分大学生,不同的学生兴趣、能力等存在差异,创新创业教育面对不同情况的学生,应采取不同的教学方式。

第三,将创新创业教育与专业教育有机结合,而不是简单叠加,在高校专业课程体系中融入创新创业教育理念,配备相应的师资队伍,采用合适的教学方式。

第四,大学生创新创业教育培养体系要打造一个包括政府、企业、高校、大学生协同合作的综合主体系统,在这个系统中,政府、企业、高校、大学生齐心协力,整合校内外各种资源,为大学生创新创业服务。

总的来说,大学生创新创业教育培养体系的构建要以科学理念为指导,围绕目标体系,将创新创业教育融入教学课程体系,培养创新创业教育师资队伍,突破课堂教学的局限,搭建创新创业教育所需的实践平台,整合各方力量予以支持和保障,并辅之以科学、合理的评价体系。

第六章 大学生创新创业教育课程体系的构建

第一节 大学生创新创业教育课程体系构建的目标和原则

一、大学生创新创业教育课程体系构建的目标

正确定位创新创业教育的培养目标是设置创新创业教育课程内容、选择教学方法的基础和前提条件，目标定位是否科学、合理直接影响创新创业教育课程实施的效果。根据我国当前创新创业教育的发展状况，以及国家相关政策关于创新创业教育的基本要求和引导方向，我国创新创业教育的开展是面向全体学生的，旨在激发学生的创业意识、培养学生的创业素质，但同时分类施教、注重引导，针对有创业实力的学生着重培养，为其创业提供支持和指导。

在具体实施过程中，创新创业教育课程内容与专业特点相结合，强调实践性，在引导学生掌握创新创业基本理论的基础上，培养学生的创业实践能力，使其具备创业基本素质。

针对我国创新创业教育开展情况，大学生创新创业教育课程体系的目标构建应从以下三个方面进行定位：

（一）与高校人才培养目标一致

在高等教育发展史中，尽管人才培养作为高校的一个重要职能始终没有变，但人才培养的规格、内容和方式都发生了很大的变化。高校培养目标归根结底反映了社会对人才的需求，社会需求的变化必然会引起高校培养目标的变革。

从中世纪（西方大学产生于中世纪）到 19 世纪中期，高校一直坚持自由教育的传统，以培养"绅士"和"通才"为目标，并不承担培养某一特定职业人才的任务。到了 19 世纪后期，随着科学技术的发展和工业革命的推进，社会分工越来越细，专业化程度越来越高，"绅士"和"通才"已经难以满足社会的要求，高校培养的人才还必须掌握一定的专业知识和技能。这个时期，高校的专业设置日趋多样化。在人才培养目标上，高校开始重视培养掌握专业知识和技能的"实用"人才，即专门人才。进入 20 世纪，劳动力市场对专门人才的需要极大地影响了高等教育，应用性课程日益受到人们的青睐。专业教育逐渐确立了其在高校教育体系中的主导地位，甚至出现了过分专业化的倾向。

20 世纪 20 年代起，不断有人谴责专业教育。欧美高校试图克服过分专业化的弊端，重建自由教育，培养全面发展的人或者说"有教养的人"。正是在这一时期，美国学者提出了通识教育的概念，希望在现代多元化的社会中，为受教育者提供通行于不同人群之间的知识和价值观。正如哈佛大学校长劳威尔所言："自由教育的最佳目标是培养知之甚广而在某一方面又知之甚深的人。"但是，无论是培养通才、专门人才还是培养全面发展的人或者说"有教养的人"，都是为特定社会的工作岗位培养人才，都是为了让毕业生找到合适的工作岗位。

在美国，随着二战结束和大批退伍军人走进大学校园，面对经济亟待恢复和就业岗位不足的挑战，哈佛商学院的梅斯教授为学生开设了一门新课程——新创企业管理。自此，以培养学生创业能力为目的的创业教育在美国兴起。起初，创业教育仅仅作为商学院的边缘课程而存在。随后，创业学科成为商学院本科生和研究生的正式课程。后来，创业学科突破商学院的边界，成为所有学生的学习内容，创业教育逐渐成为人才培养的重要组成部分。

创业教育主要培养学生创业所需要的观念和技能，使他们能够辨认出别人可能忽视的机会，培养他们的洞察力，使他们采取恰当的行动。至此，高校人才培养目标实现了从就业教育向创业教育的转移。正如1998年联合国教科文组织在法国巴黎召开的世界高等教育大会所通过的《面向二十一世纪高等教育宣言：观念与行动》中所说的那样："开发创业的能力和精神，必须成为高等教育的主要任务，以便促进毕业生就业，使他们不再是求职者，而应成为就业机会的创造者。"

国外高校提出了创业教育的概念，我国则将创新教育与创业教育相融合，提出了创新创业教育的概念。创新与创业是密不可分的。创新创业教育的提出和发展基于两个基本理念：一是创业精神和创业能力是可以通过接受教育获得的，二是通过创新创业教育可以培养创业人才。创业教育创始人之一彼得·德鲁克指出："创业不是魔法也不神秘。它与基因没有任何关系。创业是一种训练，而就像任何一种训练一样，人们可以通过学习掌握它。"另一位创业教育专家布罗克豪斯在《企业家精神与家族企业的比较研究》一文中也指出："教一个人成为创业者就如同教一个人成为艺术家一样。我们不能使他成为另一个凡·高，但是我们却可以教给他色彩、构图等成为艺术家必备的技能。同样，我们不能使他成为另一个布朗森，但是成为一个成功的创业者所必需的技能、创造力等却能通过创业教育而得到提升。"

（二）共性目标和个性目标相结合

1.创新创业教育课程体系的共性目标

创新创业教育课程体系的共性目标定位于开设全校性创业课程，培养学生以创业意识、创业精神、创业品质为核心的创业基本素质。具体来说，创新创业教育是一种针对全校范围内学生开展的，旨在通过教授创业课程，使学生掌握基本的创业理论知识，具备一定的创业意识和创业精神，提高学生的创业能力，培养学生良好的创业心理品质的创业基本素质教育。

高校开展创新创业教育的目的并不是要每个学生都去创业，成为创业者，而是在创业知识的传递和氛围浸染中激发学生的创业意识，培养学生的创业精神，使学生系统掌握创业知识和创业技能，具备比较强的创业素质和创业能力，形成比较稳定的创业素养及创新性、开创性个性，成为一个具有强竞争力、强社会适应力、强发展潜力的人。

2.创新创业教育课程体系的个性目标

创新创业教育课程体系的个性目标主要针对具有强烈创业愿望和确有创业才华的学生，通过分类施教，着重培养他们以创业实践能力为核心的创业综合能力。创新创业教育的最终目标或最后产出结果，是为了把创意转化为行动或实践。而在具体的创业实践中，创业者自身所拥有的由创业知识、创业意识、创业心理品质和创业实践能力四部分组成的创业综合素质，直接影响着创业活动的方式、效率和结果。

针对不同的学生，高校创新创业教育课程体系的目标设置应有所区别，而不是一视同仁，要善于发掘那些在创业方面表现出强烈的愿望且有特殊才华和实力的学生，着重培养他们的创业技能和创业实践能力，并为他们提供场地、资金及技术等方面的支持，为创业活动的开展和项目的后续发展提供保障。总之，高校开设创新创业教育课程，要把共性目标和个性目标相结合，引导学生掌握创业基础知识、形成创业基本素质。对于在创业方面有才华、有热情和浓厚兴趣的学生要着重培养，提供校内优惠政策、资金、技术及场地支持。

（三）与专业教育目标对接

人才培养目标涉及培养什么样的人、怎么培养人的根本性问题，既是高校开展教育活动的出发点和基本归依，也是课程设置的基本依据。大学生创新创业教育课程体系的设置是一项系统化的工程，要考虑创新创业教育课程与专业课程的融合，将创新创业教育的人才培养目标纳入专业教育的人才培养目标中去，实现与专业教育目标的对接，整合学生的多种能力，而不是设定千篇一律的培养目标。千篇一律的培养目标指导下的高等教育培养出来的学生虽然专业理论知识"专精",但是创新创业能力一般,学生的个性特点容易被忽视,个性需求得不到满足。因此,高校要充分考虑学生的差异性,将创新创业教育、专业教育以及素质教育有机结合起来,将人文教育与科学教育有机结合起来,形成多层次的人才培养目标,整合学生的多种能力,使其既拥有适应未来创业所需要的创业知识、创业心理品质、创业能力,又具备良好的科学素养和深厚的人文精神底蕴,成为融专业技能、创业技能、创业精神于一身的优秀人才。在专业教育与创新创业教育人才培养体系的构建中,人文社科专业和理工科专业分别将文化创新能力和科技创新能力纳入专业人才培养目标中,将专业与创业融合,培养专业知识精深且具有创业精神、创业能力的人才。

二、大学生创新创业教育课程体系构建的原则

大学生创新创业教育课程体系的设计通常包括恰当的课程形式、完整系统的课程内容、科学有效的评价三个方面。采用恰当的课程形式是针对不同类型的学生群体,采取恰当的形式进行课程教学。完整系统的课程内容是推动创新创业教育落实的基础。科学有效的评价是推动创新创业教育发展的重要手段。基于此,从宏观角度,我国高校创新创业教育课程体系的设计原则可借鉴"创业教育之父"杰弗里·蒂蒙斯提出的关于创新创业教育课程体系的整合理念,遵循以下三个原则:

(一)创业课程与专业课程相融合

高校课程体系的设置要考虑将创业课程融入日常专业课程的内容之中,培养学生的创业精神和创业素质,帮助学生掌握一定的创业知识和创业技能。高校要开设创业通识课程,尽可能地扩大创业课程的惠及面,讲授对象不仅是经济管理类学院的学生,而是全校学生。高校要明确规定课程的修习方式,将创

新创业教育课程以必修课或选修课的方式传授给学生,并保证一定的教学时间,学生在修满相应学时并且考核合格后可以获得相应学分,将创业学分作为课程学分的组成部分纳入学分体系。

在现有的专业课程体系中融入创新创业教育课程,不仅是创新创业教育目标的具体要求,也是我国创新创业教育课程体系改革的方向。高校要贯彻落实《国务院办公厅关于深化高等学校创新创业教育改革的实施意见》的要求,健全大学生创新创业教育课程体系,"面向全体学生开发开设研究方法、学科前沿、创业基础、就业创业指导等方面的必修课和选修课,纳入学分管理,建设依次递进、有机衔接、科学合理的创新创业教育专门课程群"。

(二)开设跨学科、跨专业的交叉课程

创新创业教育课程是一门涵盖创业学、经济学、管理学、社会学、心理学、法学等多学科的创新创业相关理论课程,单一地开设某一类别的创业课程无法达到创新创业教育人才培养目标的要求。虽然是全校范围内开展创新创业教育,但由于院系自身和专业领域的差异,不同院系和专业在课程内容设置和目的上不尽相同。高校不仅应在与商业有传统联系的经管学院开设创新创业教育课程,还应在其他与商业没有传统联系的学院(如教育学院、工程学院等)开设一些与特定学科或领域相关的创业课程。

总之,大学生创新创业教育课程体系的设置要考虑跨学科讲授创业知识,正如《国务院办公厅关于深化高等学校创新创业教育改革的实施意见》对大学生创新创业教育课程体系提出的要求:"高校要打通一级学科或专业类下相近学科专业的基础课程,开设跨学科专业的交叉课程,探索建立跨院系、跨学科、跨专业交叉培养创新创业人才的新机制,促进人才培养由学科专业单一型向多学科融合型转变。"

(三)理论课程与实践课程相结合

实践性是创新创业教育的内在要求和本质属性。理想的创新创业教育课程

应是理论课程和实践课程比例相当，甚至实践课程比例更高。蒂蒙斯最初提出的理论和实践相结合的创业课程体系，成为后续创业教育研究的主要借鉴模式。根据他的观点，理论导向型课程与实践导向型课程具有明显的侧重方向，前者主要关注创业理论知识，如什么是创业、如何进行创业、创业活动的开展方式和特点等，突出培养创业理论人才；后者主要关注创业实践能力的培养，即创业机会的识别、创业的实施路径、创业活动的关键步骤等，通过情景模拟、创业实习、参与创业计划竞赛、撰写商业计划书等活动，使学生获得真实世界的创业体验，形成敢于创新、善于创业的能力。

创业人才培养中，不仅需要学习者掌握系统的创业理论知识，还要求学习者体验创业过程，获取创业感受，只有把理论课程与实践课程有机结合，才能使学习者在获取理论知识的同时提升创业技能和能力，达到创业教育人才培养的目标。因此，高校在设计创新创业教育课程体系时要合理安排理论课程和实践课程的比例、学习顺序等。

第二节 大学生创新创业教育课程体系构建的方向、内容和要求

一、大学生创新创业教育课程体系构建的方向

大学生创新创业教育课程体系应着力培养大学生的人文素养，引导大学生树立正确的世界观、人生观、价值观，同时还应着力培养大学生的创新意识、团队协作意识，以及勇于奉献的精神。大学生创新创业教育课程体系除了设置

通识知识、学科知识、专业知识等相关课程以外，还应设置与创新创业教育相关的、能够提升大学生精神境界的公共课程。高校应主动改变原有的教学模式和教学方式，激发学生的创新潜能。

例如，高校可通过课堂混合式教学改革，建立内部适当分工、团结协作的学习模式，使学生成为课堂知识的主动获取者，让学生通过独立思考和课堂辩论，获得敢于批判、勇于探索的力量，从而培养大学生的责任意识和奉献精神。

二、大学生创新创业教育课程体系构建的内容

大学生创新创业教育课程应是多学科交叉知识的融合。创新创业教育课程的设置应充分考虑学科的多样性，鼓励大学生参加跨学科的课程教育和专业的创新创业教育，使创新创业教育课程覆盖大学理论教学和实践教学的全过程。

具体来说，第一学年，高校可开设创新创业教育通识课程、学科基础课程和认知实习课程，让大学生初步掌握创新创业教育的基本理论和应用方法，激发大学生基于学科知识进行创新创业活动（包括参加创新创业大赛）的主动性。第二学年，高校可开设创新创业教育核心课程和相关专业的创新创业实验课程，培养大学生运用创新创业理论和方法解决实际问题的能力。第三学年，高校可通过扩展专业开展创新创业教育，通过校内外产学研协同训练，提高大学生的创新创业能力。第四学年，高校可结合毕业实习和毕业论文（设计）要求，强化创新创业教育过程中的实践训练，使创新创业教育与课题研究、社会实践相结合，提高大学生的社会适应能力。

三、大学生创新创业教育课程体系构建的要求

大学生创新创业教育课程应促使大学生将创新创业教育与学科基础教育、专业教育相融合，在创新创业教育课程的教学方法和考核方法等方面进行创

新。很多高校的实践表明，创新创业教育课程与学科基础课程、专业教育课程的融合程度，直接决定了大学生创新创业教育课程的人才培养质量。

高校可以从课程设置和教学模式两个方面着手。第一，依托人才培养方案，建设专业课程与创新创业教育课程有机结合的课程体系，实现专业课程和创新创业教育课程的有机互补。创新创业教育课程属于实践教学，这就决定了在开设专业课程时需要相关企业、社会机构参与进来，并在专业课程中融入创新创业理念，实现创新创业教育课程与专业课程的紧密融合。第二，推进专业课程与创新创业教育课程教学模式和教学方式的统一，激发大学生的学习兴趣，促使大学生在掌握专业知识的基础上更好地开展创新创业活动。当前，国内大多数高校的创新创业教育课程还不够成熟，教学模式和教学方式也未统一。一些创新创业教育课程主要以理论教学为主，缺乏实践教学，很容易导致那些具有创新创业积极性的学生脱离专业课程的学习，甚至影响其完成学业。

高校应转变传统的教学方式和单一的考核方式，在课堂教学过程中逐步应用参与式、讨论式、启发式和探究式的混合教学模式，提高学生的学习积极性和主动性，强化师生互动和生生互动，真正做到以学生为中心。同时，高校还应提高授课教师的知识水平，鼓励授课教师将学科的最新研究成果融入课堂教学。例如，高校可推行翻转课堂的教学模式，培养学生的批判性思维和创新思维，增强学生的创新意愿，发掘学生的创新潜能。此外，高校也可改革考核内容和考核方式，促使创新创业教育课程的考核方式向注重过程、能力转变。

总的来说，创新创业教育课程应使大学生毕业后能够获得持续提升创新创业能力的机会，因此，高校还需设置短期、小班性质的创新创业实践教学课程，并通过组织有创业实践经验的毕业生与在校生结合，参与校级、省级甚至国家级的创新创业大赛，提高大学生的创新创业能力。

第三节 大学生创新创业教育课程体系的发展现状

一、创新创业教育课程体系初步形成

各高校高度重视创新创业教育工作，已经初步形成了创新创业教育课程体系：课程覆盖面广，学生自主创业率逐年增长；注重大学生创业意识、创业精神和创业能力的培养，形成了多样化的课程体系；积极探索融合性课程，为培养高素质、高技能创业人才提供新模式。

（一）课程覆盖面广

从研究型大学到高职高专类院校，都开设了创新创业教育课程，尤其在面向全体学生的公共选修课中加入创新创业教育模块，使更多学生有机会接受创新创业教育，培养创业意识。

（二）课程体系多样

目前，国内部分高校已经形成了多样化的创新创业教育课程体系，大致可以分为三类：第一类是面向全体学生的创业通识课程，以培养学生的创业精神和创业意识为目的；第二类是以创业强化班和精英班为主的创业教育课程，以鼓励学生成为自主创业者为目的；第三类是由国际劳工组织设立的创业教育课程，以普及创业知识和技能为目的。上述课程体系在培养学生的创业意识、创业精神和创业能力等方面都已初见成效。

（三）探索创业课程与专业课程融合

在培养学生创业精神和创业意识的同时，将创业课程与专业课程进行有机融合是创新创业教育未来的发展趋势，也是创新创业教育走向更高水平的必然要求。专业教育中融合创新创业教育能及时反映本学科专业领域的前沿知识、相关交叉学科专业的前沿信息、相关行业与产业发展的前沿成果。创业课程与专业课程融合可以以创业活动为出发点，强化实践环节，提供学生所需的与创业活动直接相关的专业技能。

二、创新创业教育课程实施效果欠佳

受到多种因素的影响，高校创新创业教育课程实施效果不佳，主要表现为课程体系的整合度不高、课程内容编排不够合理、教学方法有效性不足。

（一）课程体系的整合度不高

国内高校中普遍存在创新创业教育课程体系整合度不高的问题。为了全面落实创新创业教育的方针政策，各高校开设了多种形式的创新创业教育课程，但是不同的课程隶属于不同的管理和实施主体，缺乏有效的整合和优化，这造成了创新创业教育资源的利用率较低，重复和浪费现象突出。

关于创新创业教育课程，高校在管理主体方面普遍存在问题。创业教育强化课程一般是由管理学院和经济学院提供，专业化创业教育课程则隶属于不同的专业学院，这些创业课程相互独立，缺乏联动机制。这就造成不必要的人力、物力浪费，同时也不利于统一管理和资源整合。导致这一现象的原因有很多，主要是很多高校的创业教育实施是基于行政指令，相关单位抱着完成任务的心态来开设创业教育课程，这种课程缺乏内在的发展动力，创业教育没有成为学校的自发性需要，而成为一种任务。尤其是一些重点高校，它们以追求"高、精、尖"的学术研究为导向，容易忽视创业教育，没有将其纳入人才培养的整体规划中。

（二）课程内容编排不够合理

课程内容作为课程实施的核心，其编排是否合理尤为重要。科学、合理的教材是培养高素质创业人才的关键。绝大多数开设创新创业教育课程的高校都没有规范、权威的教材和教学内容标准；有的教材是对国外教材的翻译或简单移植，缺乏与我国实际的结合；有的教材是将零碎的创业活动实践进行简单整理，理论深度不够，缺乏合理性；也有少量结合当地和学校自身实际情况所开发的校本教材，但大多是简单拼凑，质量不佳。这些教材不能很好地展示创业教育的理论和实践，不具备普遍的指导意义。目前我国高校的创业教育教材参差不齐，没有形成针对不同类型高校的完善的教材体系。当然，这一现象的存在是由于我国创业教育整体发展还不够成熟，同时也与我国创业教育师资匮乏密切相关。

（三）教学方法有效性不足

作为实施创业教育的手段，教学方法非常重要，而在实施创业教育的高校中，普遍存在教学方法单一、实践性和有效性差等问题。高校通识类创业教育教学大都以讲授法为主，每学期安排1~2次实地参观（主要参观科技园、企业等）；在专业类创业教育教学或创业强化班中，大都以讲授创业理论知识为主，辅以专家讲座、实习参观等活动。这些方法都是以理论知识的传授为主，与传统经管类、商学院教学方法并无差异，缺少实践操作类的教学方法。

第四节 大学生创新创业教育课程体系的构建策略

创新创业教育是一项实践性很强的教育。高校创新创业教育离不开课堂，同时，创新创业教育与普通的教育又有较大的区别，如何设置高校创新创业教育的课程成了不少学者探讨的话题。目前，对高校创新创业教育课程体系的设置主要有三种思路：①按照授课内容的不同，分为实践性课程和理论性课程；②按照课程表现形式的不同，分为隐性课程和显性课程；③按照授课形式的不同，分为学科课程、环境课程、活动课程和创业课程。在此，笔者依据高校创新创业教育的共性目标和个性目标来设置高校创新创业教育课程体系。

一、创新创业教育的基础学科课程设置

创新创业教育基础学科课程是为了奠定创业者开展创业活动基础而设置的，旨在为创业者构建创业基本理论体系，使其认识创业是什么，创业所需要的知识和技能有哪些。基于此，可以从创新创业教育基本理论课程、创新创业教育专业理论课程和创新创业教育辅助课程三个方面来设置。

（一）创新创业教育基本理论课程设置

创新创业教育基本理论课程设置的目的是使学生认识到创业的意义，为学生介绍基本的创业理论。具体的课程包含创业学概论、创业基础理论、创业辅导等。

创业学概论是创业教育的基础，主要目的在于让准备创业的学生认识创

业，了解创业活动的步骤及创业活动中所要运用的知识。创业学概论是创业教育的入门课程。

创业基础理论是在创业学概论的基础上进一步介绍创业相关知识的课程，同时也介绍一些成功创业者的案例，以达到激发学生创业意识的目的。通过创业基础理论的学习，让学生认识其应具备的创业素质和基本能力。

创业辅导是指在介绍创业基本知识的基础上，进一步阐述创业活动的现实意义以及创业活动的未来发展，同时适当讲解创业活动中的行为、思维方式。

（二）创新创业教育专业理论课程设置

创新创业教育专业理论课程旨在为学生讲解创业过程中所需要的各种知识。具体的课程包含创业法律基础、创业案例研究、管理学、市场营销学等。

创业法律基础是开展创业教育的基础课程。与创业有关的法律法规都应纳入该门课程，具体包含《中华人民共和国公司法》《中华人民共和国知识产权法》《中华人民共和国劳动法》《中华人民共和国环境保护法》《中华人民共和国合同法》等。通过该课程的学习，可以使学生知法、懂法、守法，在法律范围内开展创业活动。

创业案例研究是让学生了解真实的创业案例，并通过成功和失败的创业案例分析原因，为自己的创业实践活动积累经验。尤其要注意从失败案例中吸取教训，避免重蹈覆辙。

管理学是企业管理的基础性课程，创业者必须了解管理学。学习该课程，可以使创业者在创业活动中学会计划、组织、管理、决策等管理中常规性的过程和步骤，学会对市场作出正确的评价，提高把握市场机遇的能力。

市场营销学是一门介绍市场基本规律和特点的课程，通过该课程的学习，可以使学生对市场这一概念有深入的认识，为其在创业活动中把握市场机遇奠定基础。该课程主要介绍市场环境和消费者市场行为，以及如何进行市场分析，如何选择合理的营销策略等。对市场营销活动的基本程序和方式有详细的了解，可以使学生在创业活动中正确运用市场营销手段，获得市场份额。

（三）创新创业教育辅助课程设置

创新创业教育辅助课程是为进一步提升学生的创业活动质量而设立的。创新创业教育辅助课程体系是一类由多学科构成的课程体系，应根据不同学生的特点来设立，应充分考虑学生的学科背景、知识基础、兴趣爱好等特征来开设，应尽可能地满足不同学生的需求。创新创业教育辅助课程还应将重点放在激发有创业意愿学生的创业兴趣，培养学生的企业家精神、创造性思维能力，开阔学生视野等方面。同时，在改变创业教育辅助课程体系时，可以结合学校的师资力量，合理地运用现有的师资。考虑到创新创业教育专业教师严重不足的现状，高校可以在现有师资基础上，对部分教师进行适当的培训，来培养创新创业教育专业的教师。例如，外语教师可充分利用他们的语言优势，给学生传授国外先进的创新创业教育理论及典型的创业案例；管理学教师可以为学生讲解企业家精神、各地管理基本理论等相关知识。创新创业教育辅助课程体系在全校内以选修课的形式开展，学生可以根据自己的爱好选择不同的课程来学习，以期达到提高创新创业教育质量的目的。

二、创新创业教育的活动课程设置

创新创业教育本身是一门实践性很强的课程，因此，创新创业教育课程改革中活动课程的设置尤为重要。创新创业教育的活动旨在让学生通过具体实践，了解创业活动的整体流程，并在具体的创业活动中找到自己感兴趣的方向，能够将自己所掌握的知识、信息、技能和资源具体运用到实实在在的创业活动中去，真正实现创业的意愿，在此过程中掌握创业活动的基本细节，为以后真正开展创业活动奠定坚实的基础。创新创业教育的活动课程设置如下：

（一）创新创业教育集体活动课程

创新创业教育集体活动课程具有广泛性，该活动课程应根据学校的总体创新创业教育目标，面向全校学生设置，旨在达到全面认识创业活动，了解企业真正运作流程的目的。其开展形式可采用报告或讲座形式，由学校出面，邀请创新创业教育专家或成功的创业者与学生开展面对面的交流，使学生能够从自己的创业经历中有所收获，起到培养学生创业精神、提高学生创业素质的作用。

（二）创新创业教育专题活动课程

创新创业教育专题活动课程是在创新创业教育集体活动课程的基础上，专门针对创业活动中某个环节而开展的创新创业教育实践活动。创新创业教育专题活动课程所选择的专题环节一般是创业活动中重要的环节，如营销环节、决策环节等。当然，也可以根据学生的需求，就某一个学生感兴趣的环节或是学生认为困难的环节而开展主题活动。创新创业教育专题活动通常采用商业计划竞赛的形式开展，意在培养学生的团队合作意识、竞争意识等。常见的创新创业教育专题活动课程内容有模拟营销大赛，参观企业、了解企业的运作流程等。

（三）创新创业教育项目活动课程

在创新创业教育项目活动课程中，学生按照高校开展创新创业教育的目标，在教师的指导下，自行设计创业活动项目，并在学校的支持下，亲自实践自己的创业活动，然后对自己的创业活动全过程进行自我批评和自我总结，以期丰富自己的创业经验。创新创业教育项目的实施，可以强化学生在创业过程中的独立判断能力、自我管理能力，使学生在项目活动过程中得到锻炼。

（四）创新创业教育项目潜在课程

创新创业教育项目潜在课程强调的是在高校营造创业氛围，通过创业氛围影响学生，以达到培养学生基本的创业品质，提高学校创新创业教育发展水平和质量的目的。创新创业教育项目潜在课程可通过学校已有的条件，如开展企业家校友事迹展、邀请知名企业家定期开展交流会等，激励学生开展创业活动，培养学生的创业精神。

三、创新创业教育的实践课程设置

创新创业教育实践课程有利于开阔学生的视野、培养学生的创业能力。创新创业教育实践课程主要包括模拟创业实验和创业实践两种形式。

（一）模拟创业实验

模拟创业实验是一种创新仿真实验，学生可以模拟创业者经历的各个阶段，体验从创业决案、创业项目选择、团队组建、管理企业到产品推广的整个创业流程。此外，模拟创业实验还可以通过案例分析的形式进行，使学生结合具体案例，将自己想象成创业者，分析自己在创业过程中出现的问题，探索解决问题的方式。

（二）创业实践

大学生创业实践可通过两种方式进行：①利用校内的专业实习平台，让学生进入学校的后勤、投资等部门体验，使其积累与人交往的经验；②开展校企合作，通过与企业的沟通和洽谈，让更多学生进入企业实习，了解企业的经营与发展模式，帮助学生积累处理各种问题的经验，为其创业打下坚实的基础。

第七章 大学生创新创业教育实践体系构建

第一节 以课程教学为基础的大学生创新创业教育实践

如今,创业被认为是强大的经济助推力。我国高校积极回应时代要求,上海财经大学、北京大学、南开大学、同济大学、电子科技大学等高校纷纷成立创业学院,还有些高校甚至将创业课程设定为全校学生的必修课。部分地方应用型本科院校,如常州工学院、盐城工学院等成立创新创业学院,开设创新创业课程,推动创新创业培养方案的不断优化与完善。

为了提高大学生创新创业方面的能力和素质,高校应首先将创新创业课程作为开展创新创业教育的基础。高校在开设相关课程时,需要充分融入创新理念,构建一套完整的创新创业实践教学体系,充分开发创新创业实践类课程,以适应大学生创新意识强、专业知识完整、善于动手实践等特点。高校要引导大学生一边学习专业知识,一边从事科研、创新实践,促进大学生创新创业能力的提高。

传统的课程设置有一定的局限性,容易忽视学生在学习中的主体作用,因此,在设置创新课程时,需要与时俱进,运用新理念设置课程,将教学重点放在对大学生实践能力的培养上,努力营造一个轻松、愉悦的教学环境。教学的最终目标是使大学生能够不断强化自身的创新创业能力,使其能够创造性地解决问题,让大学生能够灵活地运用知识,适应市场需求,充分发挥专业优势。

一、创新创业教育课程的内涵

2010年5月,教育部向各地下发了《教育部关于大力推进高等学校创新创业教育和大学生自主创业工作的意见》,明确要求高校把创新创业教育纳入专业教育和文化素质教育教学计划和学分体系。这个文件的出台不仅让我们认识到实施创新创业教育的价值,也加快了高校实施创新创业教育的步伐。如何实施创新创业教育是高校面临的一个重要课题,创新创业教育成功实施的关键取决于创新创业教育课程体系的构建。

2015年12月,教育部印发《关于做好2016届全国普通高等学校毕业生就业创业工作的通知》,要求从2016年起,所有高校都要设置创新创业教育课程,对全体学生开设创新创业教育必修课和选修课,并将其纳入学分管理系统。

创新创业教育是提高学生创新创业基本素质、培养学生创新创业意识、帮助学生形成创新创业能力的教育。它是素质教育的一个重要组成部分,以发掘人的潜能,弘扬人的主体精神,促进人的个性发展为宗旨,通过对传统教育模式的扬弃,探索和构建一种新的教育理论与实践模式,并使之不断完善。在实施创新创业教育的过程中,创新创业精神的培养是创新创业教育的核心,创新创业能力的培养是衡量创新创业教育成功与否的标准。创新创业教育要面向全体学生,融入人才培养全过程。

创新创业教育课程是指有计划地为培养学生创新创业精神和提高其创新创业能力所组织的一系列教育教学活动。对于实施创新创业教育而言,课程是有效载体,因此合理设置创新创业教育课程是关键。创新创业教育课程体系需要依据培养目标来构建,高校创新创业教育的培养目标需要根据社会发展和学生的身心发展状况来制定。社会发展需要学生具有社会责任感、创新精神和创新意识。另外,针对有创业意识的大学生,还应特别关注其领导力、独立工作的能力、社会适应能力等综合素质的培养。

将创新创业教育所设置课程的各个构成要素加以排列组合,使各个课程要素在动态过程中一致指向课程培养目标，从而构成一套完整的创新创业教育课程体系。创新创业教育课程体系是实现培养目标的载体，是保障和提高教育质量的关键。创新创业教育课程体系构建要从其培养目标出发，遵循三项原则：首先，突出专业特色，创新创业类课程的设置要与专业课程体系有机融合；其次，理论联系实际，创新创业实践活动要与专业实践教学有效衔接；最后，专业教育与人文教育相结合，在专业教育和学科教学中渗透创新创业教育，构建一个多层次、立体化的课程体系。

二、创新创业教育课程的类型

按照现代课程论的观点及近年来国内高校创新创业教育课程改革实践，高校创新创业教育课程大体可划分为三种基本形态，即创新创业教育学科类课程、创新创业教育活动类课程、创新创业教育环境类课程。

（一）创新创业教育学科类课程

创新创业教育学科类课程是以创新创业教育为中心而设置的分科课程，课程的设置首先要体现出创新创业教育的目标、任务、要求。其次，创新创业教育学科类课程的设置要与专业课程体系有机融合，在各专业学科课程中，结合教材内容和专业特点，渗透创新创业教育的内容。最后，结合教师特长与学生需求，形成独特的教学方式。

在创新创业教育学科类课程的整体规划中，学科课程被赋予了新的内涵，学科课程中的基础课应当更注重全面提高大学生的创新创业素质。这类课程不受专业限制，可涉及如经济学、管理学、心理学、法学、美学等各学科的相关知识。

创新创业教育学科类课程的开发，主要包括学科渗透课程、必修课程和选修课程三种。在创新创业教育课程体系中，学科课程能体现出创新创业课程所具有的逻辑性、系统性和简约性等特点，有利于大学生在短时间内集中、系统地学习创新创业知识和创新创业技能。通过学科课程的学习，有利于大学生对创新创业相关的学术理论知识有更深的领悟，树立正确的就业观，为以后从事创新创业实践打下扎实的基础。

（二）创新创业教育活动类课程

活动类课程常常被称为"经验课程"，因为活动类课程的培养重点是增加学生在所学知识方面的操作。创新创业活动课程旨在让大学生在创新创业方面增加体验，提高经验水平。创新创业教育课程的教育目标、任务、要求，需要高校在活动课程，尤其实验实习课程中，渗透并结合各种不同的创新创业教育内容，或结合校内外的各种社会实践活动进行创新创业教育，或专门组织创新创业教育的相关活动课程。创新创业教育活动类课程一般成体系开展，在活动目的、方式上都循序渐进地提高对学生的要求，激励学生不断增强动手能力、学习能力和创造能力。

创新创业教育活动类课程的开发内容可以源于巩固、运用与验证学科知识的需要，也可以来自大学生的兴趣和爱好。开展活动的形式可以灵活多样，如参观企业、举办模拟创业大赛、开展创业计划竞赛等，以及开展创业专题讲座和报告等。活动的时间和空间可以根据具体的活动形式灵活安排，不仅仅局限于校园内，还可以深入企业、社会生活中的不同场所。创新创业教育活动类课程与学科类课程的显著区别就在于，它更加紧密地联系现实生活环境、市场需要，鼓励大学生充分展现创造力和团队协作能力。

（三）创新创业教育环境类课程

创新创业教育环境类课程的开发，主要从自然环境课程和校园文化环境课程两方面着手。自然环境，包括校园的各种物理环境，如植物的栽种、景观的搭配、楼体的设计等，这些不仅与创新创业教育相关，也与高校人才培养的整体规划相关。校园文化环境则是指在校园中倡导创新创业教育的氛围。良好的校风、教风、学风都可以推动校园内创新创业教育氛围的形成；线上、线下的宣传方式也可以创造有利于创新创业教育的舆论环境；对创新创业榜样的宣传，可以鼓励有创业意向的学生勇敢尝试。

对环境的设计、选择和加工，可以增强学生创新创业的主动性，让学生自觉养成塑造自我、完善自我的创业行为习惯。同时，校园中的人际关系会通过不断的互动对校园文化产生影响。师生之间的团队精神、良好的舆论导向、正确的人生目标等，均能形成潜在的教育力量，以特有的形象符号感召、影响学生，这些都应成为创新创业教育环境类课程的重要组成部分。

总之，创新创业教育课程体系的构建，要体现专业教育和通识教育的融合，理论知识学习与相关实践操作的融合，并且能关注社会需求、市场动态，只有这样，才能实现创新创业教育的目标，才能转变我国高校的人才培养模式，提高人才培养质量，适应经济发展对创新创业人才的需要。

三、开设创新创业教育课程的意义

高校开设创新创业教育课程是为了适应知识经济时代经济、科技、文化的发展对创新人才培养的要求，是从当前我国高校毕业生就业压力大的现实需要出发，为推进经济可持续发展与解决毕业生就业难问题而提出的重要政策措施，有助于促使高校转变人才培养思路，加大创业型人才的培养力度，以适应和推动创新型国家的发展，提升我国的综合竞争力，具有重大的现实意义和长远的战略意义。

（一）高校开展创新创业教育具有重要的现实意义

随着素质教育的推行，高校的人才培养模式经过了一轮深刻的变革。而在新时代下，高校的人才培养模式迫切需要结合社会发展的需要继续深化革新。创新创业教育的实施，本质上是高校人才培养模式的又一次变革。如前文所述，创新创业教育的课程设置需要注意将专业教育课程、通识教育课程、创新创业教育课程三者进行有机结合。因此，高校在开展创新创业教育的过程中，需要根据实际情况调整课程体系，努力将学生的知识结构进行优化，要将创新创业的思想、观念、理论等，融入学生的知识结构。

（二）高校开展创新创业教育具有重要的战略意义

创新是中华民族发展的不竭动力，提高自主创新能力则是实现建设创新型国家目标的根本途径。近年来，随着我国自主创新能力日渐提高，在科技领域不断取得重大突破，我国在高端技术领域已取得瞩目的成就，但这些成果与我国自身经济发展的需要相比，还有一定的差距。

世界科技发展的实践经验告诉我们：一个国家只有拥有强大的自主创新能力，才能在激烈的国际竞争中把握先机。特别是在关系国民经济命脉和国家安全的关键领域，真正的核心技术、关键技术是买不来的，必须依靠自主创新。而建设创新型国家、创新型城市，迫切需要全社会营造有利于创新型人才脱颖而出的社会氛围。高校必然要肩负起国家科技创新的使命，这也是国家发展的战略需求。在高校开展创新创业教育，就是将创新的理念、思维、方法进行系统传授，进而影响大学生目标的确立、价值的取向以及职业发展的选择，具有重要的战略意义。

四、创新创业教育课程的设计原则

（一）结合课程培养目标的原则

高校创新创业教育应该以第一课堂的课程教学为载体，以适合创新创业的专业教育为核心，着力培养学生的科学精神和人文素质，以及学生未来创新创业所需要的心理品质和能力等。因此，在设计创新创业教育课程时，首先要结合课程培养目标。创新创业教育的培养目标是让学生在掌握专业知识的基础上，同时获得创新创业所需要的运用知识的能力，以及在创新创业过程中所需要的心理品质。特别要注意的是，在课程设置上将专业课程、通识教育课程、创新创业教育课程三者有机结合。创新创业教育的课程依托于专业课程开展，所以在专业教育的过程中渗透创新创业的观念也很重要。

（二）遵循教育教学规律的原则

创新创业课程是一门理论性、政策性、科学性和实践性很强的课程，应遵循教育教学规律，坚持理论讲授与案例分析相结合、小组讨论与角色体验相结合、经验传授与创业实践相结合，把知识传授和实践体验有机统一，调动学生学习的积极性、主动性和创造性，不断提高教学质量和教学水平。因此，在课程设计上需要注意以下几点：

1.设计真实的学习情境

通过模拟、现场教学等方式，努力将相关教学过程情境化，使学生更真实地学习知识、了解原理、掌握规律。

2.提供完备的支持条件

根据课程教学需要提供基本的教学条件，重点提供创业模拟实验室、模拟教学软件、创业信息资源等。

3.拓展有效的实践途径

通过在校内组织开展创新项目设计、创业计划大赛等方面的实践活动，将课堂知识与创业实践紧密结合起来，培养学生在实践中运用所学知识发现问题和解决问题的创新创业能力。

第二节 以导师团队为指导的大学生创新创业教育实践

如何提高大学生的创新创业能力，更好地适应社会对人才培养的需要，这是政府、高校、家庭共同关注的问题。在创新创业的实践过程中，需要大学生了解行业发展趋势、创业团队管理模式、互联网时代的商业模式、创业机会识别等知识。仅仅依靠第一课堂理论知识的讲授远远满足不了这些需求，必须将课程教育与实践教育相结合。

与其他教育不同，专业、优秀的导师团队在大学生创新创业教育中，扮演着举足轻重的角色。高校邀请专业学者、有创业经验的行业专家、风险投资顾问等，与校内专业教师一起，共同组建创新创业教育的导师团队，形成资源优势互补，系统性、科学性、统筹性地开展创新创业教育。同时，高校应充分挖掘校外导师资源，建立大学生创新创业导师的成果转化对接机制，这也能够为学生走向社会后选择创业提供有效的前瞻性、延展性服务。

一、创新创业导师团队的内涵和意义

（一）创新创业导师团队的内涵

创新创业导师团队是指在大学生创新创业教育中，能有效激发大学生创新精神、提升大学生创业技能、指导大学生体验创业过程并进行合理职业规划的全体导师的集合。创新创业导师是高校创新创业教育的必备要素，对培养适应时代要求的人才至关重要。

"大众创业、万众创新"已成为国家经济发展的重要实施战略。而在推动国家创新发展的进程中，大学生是其中的重要组成部分。随着我国对现有社会经济发展方式的改革升级不断加快，"中国创造"需要更多具备创新创业能力的高素质复合型人才。高校作为培养创新创业人才的主阵地，承担着为全社会培养创新创业人才的重任，尊重大学生个性发展则是在培养创新创业人才的过程中必须遵循的原则。在传统培养模式下培养出来的大部分大学生，不仅缺乏必要的创新思想和创新精神，还缺少创业激情和创业理念。要改变这一现象，就要在高等教育中注入个性化教育的内容，这对高校教师的教学能力提出了更高的要求。此外，推行创新创业教育导师制也是建设创新型国家、培育创新型人才的必然选择。

（二）创新创业导师团队的意义

1.有利于学生构建合理的知识结构

贯彻创新创业教育导师制，能使学生有更多的自主学习空间，学生可以根据社会发展的需求并结合自身的能力，有选择地决定该学哪些内容。例如，有些学财务管理的学生偏好学习财务方面的实践知识，而有的学生对理论分析较为在行，善于进行理论研究。但是，大学生因为缺乏社会经验，并且知识储备有限，因此在自己主动选择学习内容时，缺乏判断的能力，甚至有时会对自己兴趣、爱好的理解产生偏差，这就需要推行导师制来解决这一问题。创新创业导师在学生主动学习的过程中可以给学生以引导，指导他们构建合理的知识结构，更好地将兴趣、爱好与专业学习内容匹配起来。

2.有利于引导学生形成自学能力和创新能力

相比于侧重理论学习的传统高校教育，创新创业教育要求学生在掌握知识之后更要学会如何运用知识并付诸实践。普通教师在教育活动中以传授知识为主，这并不能满足学生自学并实践的能力培养需要。创新创业导师可以向学生提供各类科学研究项目，给学生将知识进行实践转化的机会。大学生通过这种课外的科学实践，可以更好地补充自主学习的探索经验，进一步将知识和实践融会贯通，这种培养创新能力的过程有利于引导学生更好地掌握知识。

3.有利于因材施教

在高校推行创新创业教育导师制，可以发挥导师在引导大学生学习中的主体作用，导师根据每一个学生的特点引导其学习。而学生个人则在导师的具体指导下，根据自身的兴趣、爱好并结合社会发展的需求确定研究方向。在这样一个因材施教的模式下，大学生可以更好地发挥自身的潜力，展现自己的个性与才华。

4.有利于教师队伍的自我优化

与传统的辅导员制度、班主任制度等不同，创新创业教育导师制的推行，是一个基于师生彼此研究方向和研究兴趣的匹配过程。在这个过程中，导师可以选择学生，学生也可以选择导师。学生在选择导师的时候，往往会根据自己的兴趣挑选自己认为有指导能力的导师，所以导师也需要不断自我提高和优化。

二、创新创业教育导师团队建设的目标和路径

高校开展创新创业教育，要求学生在专业学习的过程中接受创新思维训练与创业精神培养，而这些需求仅在课堂教学或实践中无法完全得到满足，需要教师对学生学习、科研给予个别指导，需要企业家对学生创业给予帮助。为此，高校就要构建导师制，为推进创新创业教育提供指导和保障。

（一）创新创业教育导师团队建设的目标

1.专业化、体系化、科学化

高校在建设创新创业教育导师团队之初，应遵循专业化、体系化及科学化

的原则。高校应从顶层设计上给予重视，比如在创新创业导师人员的选聘、考核及激励措施的制定等方面统筹兼顾。同时，高校又要充分调动各级各类导师，利用学分制、选课制积极参与创新创业课程方案的确立，创新创业教育主修、辅修、双学位等课程体系的搭建。

2.促进学生个性发展与全面成长相结合

高校推进创新创业教育，要求导师在教学中实现授人以"渔"，为学生提供科学的学习方法，帮助学生提升自主学习能力。创新创业教育导师指导的核心价值是让学生在提高学业成绩的同时，养成良好的学习态度，掌握有效学习、自主创新的方法。

（二）创新创业教育导师团队建设的路径

高校在创新创业教育的顶层设计上，应确立导师制的重要地位，从制度上明确导师制运行规则与基本要求，对导师资格、导师职责、导师工作考核等作出明确规定，形成创新创业教育导师制建设总纲领。

1.创新创业教育导师资格的确定

在传统意义上，学业导师原则上应具有中级以上（含中级）职称，熟悉本专业人才培养规律与目标。科研导师应具有与所担任指导学生项目研究方向相同的学科专业背景。而创新创业教育导师的选聘，应区分校内和校外导师两种类型，设定不同的要求。比如，校内导师除满足上述两点要求外，要更多考虑其创新创业的实践经验。创新创业教育校外导师应多为企业家或创业者，或管理咨询、法律、市场营销等领域的专家，以及在创新创业领域内有丰富工作经验的专家。

2.创新创业教育导师的工作职责

一方面，应通过师生见面会、网络、电话等多种途径，帮助学生认识和了解本专业特征，制定和完善专业学习规划，同时，鼓励学生参加创新创业竞赛、科研项目研究等实践活动；另一方面，应在学生科研项目研究中，指导各类科研项目的前期论证与申报工作，监督项目研究资助经费的使用情况，提出项目研究结题意见等。在学生参加创新创业竞赛时，开展日常训练、赛前辅导与集训、赛中指导和赛后总结等工作。最关键的是，创新创业教育导师还应在学生创新创业实训中，与创业学生沟通交流，对学生创业实践疑难问题进行"会诊"，并主动推荐相关资源，为学生创新创业成果的转化搭建良好平台。

3.创新创业教育导师人员的选聘

高校创新创业教育导师应兼顾学业、科研和创业指导三方面的工作。导师既要是某一专业领域的专家，承担一定的教学任务，也要参与本单位的科研任务，同时具有指导创新创业竞赛、科研实训项目或者其他创业指导方面的经验。

当然，针对创业方面的指导也可以采用聘请校外创业导师来弥补本校师资力量不足的情况。创新创业导师的选聘可以采取教师自荐、学生选择与学校指定相结合的方式。每位创新创业导师指导的学生人数控制在5人以内，更利于开展有针对性的指导。

4.创新创业教育导师工作的考核

高校导师工作应依据定性与定量相结合的原则，每年考核一次。针对创新创业教育导师的考核，内容上侧重导师指导态度与方式、学生学习效果、项目完成情况，以及是否组建学生创新创业团队等。考核过程要充分考虑大学生创新创业教育的宗旨和目标。

5.创新创业教育导师的配套机制

高校可充分发挥专业优势，建立导师网络工作平台，师生在网络平台上进行学业探讨与交流，增加交流时间；引导学生积极参与教师科研工作；举办企业家论坛，使学生有机会与企业家面对面交流；邀请企业家对大学生创新创业团队进行诊断性指导；完善创业导师培训机构，让创业导师了解创业方面的最新政策，同时为来自不同领域有着不同背景的导师提供一个互相交流的平台，进而提高整个导师团队工作的统一性、协调性、科学性，为整个团队能更好地为学生服务打下良好的基础。

三、基于角色定位进行导师指导的创新创业教育内容

（一）整合资源

资源整合是导师应该做也能够做好的工作，是导师相比学生而言具备的优势。这些资源包括学校的部门资源、专业教师资源、学校闲置课题资源（含闲置专利资源）、学校的校友资源、用人单位资源以及政府相关职能部门资源等。有些在教师眼中不那么重要的资源，对创业的大学生来说，也许是帮助他们成功创业的重要的初始资源，导师整合这些资源远比给他们讲述创业政策更有帮助。

1.学校部门资源

学校的部门资源主要包括校内各职能部门所能提供的资源。比较常见的校内职能部门有科研部门、学生工作管理部门、招生就业部门等，这些部门能够通过制定政策、提供场地、提供资金等多方面的措施，为大学生创新创业提供资源。

2.专业教师资源

专业教师能够针对大学生的专业特点、知识优势、平台优势等进行指导，以更好地帮助大学生创业。

3.学校闲置课题资源（含闲置专利资源）

学生在校期间所需的实践机会，不仅来源于现有的科研项目，还可以来源于闲置的课题资源和专利资源。这部分闲置的资源可以让感兴趣的学生深入挖掘，增加原有的价值。需要注意的是，由于课题和专利都有知识产权保护方面的法律问题，在实际使用中需要格外注意，合法合规使用。

4.校友资源

学校的校友资源对创业的大学生来说极有帮助，尤其是对想利用本专业优

势进行创业的大学生来说，专业领域内已成功创业的校友所走过的路更值得借鉴。

5.用人单位资源

高校的就业部门与社会的用人单位有着非常频繁的联系，在这个过程中，可以提供给有创业意愿的学生提前进入社会、感受市场实际氛围的机会，从而帮助他们更加明确自己的创业点及所需要解决的问题，增加创业的成功率。同时，在与用人单位联系的过程中，学生可以积累更多的经验，为以后的创业实践打下基础。

（二）搭建平台

大学生创新创业相关平台具有以下功能：

1.交流功能

给对创业感兴趣的大学生提供一个思想交流和碰撞的场所，比如定期的创业沙龙、投资见面会等。通过头脑风暴，引导大学生就与自己所读专业有关的行业中存在的问题提出创新点。

2.培训功能

请校外导师、企业家、创业成功的校友、投资人进行相关创业知识的培训。

3.服务功能

整合学校的资源并在更大的范围内引导大学生就某一项目组建跨专业、跨学校的创新创业团队。

4.创新创业项目发布功能

依托平台发布大学生创新创业项目，让更多的企业和投资机构关注大学生的创新成果。

5.资金需求信息发布功能

不同的投资机构有不同的投资领域，可以让大学生依托平台有针对性地联系投资机构，减少寻找投资机构的盲目性，提高融资成功率。

6.企业创新需求信息发布功能

大学生可以直接了解市场的需要，有针对性地参与企业创新，减少项目选择的盲目性。需要创新创业教育导师注意的是，千万不要把大学生的创新创业活动当作自己的业绩来展示，这会给大学生带来很大的负担，在某种情况下甚至会引起大学生的反感。

四、对创新创业教育导师的激励办法

（一）常见的激励办法

在导师制方面，研究生导师制比较成熟，有一整套的遴选、培养和管理方式，基本形成了常规的制度与工作规范；本科生导师制还处于少数高校尝试改革的阶段，制度构建水平参差不齐，有个别学校尝试将导师带本科生的工作量折算成课堂教学工作量，并在评优评奖、职称晋升等方面予以政策倾斜，取得了较好的效果。

（二）基于创新创业教育视角下的激励办法

首先，学校从宏观层面对创新创业教育的开展给予人事政策的认可，对创新创业教育进课堂给予制度保障。其次，将创新创业导师指导内容具体化，形成工作制度和规范，确立负责部门、工作流程、培训体系、管理考核等，同时鼓励创新创业导师多元架构，如双导师制、导师团、外聘导师制、项目制导师等。最后，对基于导师制的创新创业教育绩效考核体系的建立，需要有一个网络互动平台，平台至少包括两种功能：一是导师与学生的双向考核功能，体现双向选择、满意度打分、过程记录等内容；二是导师指导学生的创新创业业绩考核，体现导师在创新成果、创业尝试、就业选择等方面，对学生进行的详细指导成果。

建立科学的创新创业导师考评体系及激励机制,对大学生创业团队和导师团队的建立至关重要。有了科学、可靠的评估主体,不仅可以定时检测其在创业的每个阶段所产生的效益,还可以检验创新创业导师的指导成效。通过对创业成绩的检验,能够建立科学的奖惩机制,合理、公平地分配创新创业绩效,使大学生创业团队与创新创业导师团队之间的关系更加稳固。激励办法下的评价体系的建立,是创新创业导师制建立的关键一环。"有开有合,有进有出",才能使创新创业导师团队成为一个良性的互动整体,使之保持活力。创新创业导师队伍制度化是大学生创业走向市场化、正规化的有力保证。建立长效的激励机制也是十分必要的,这有助于避免创新创业导师仅在大学生创业团队的前期给予指点和理论上的帮助,在具体的操作上没有实质性的作为,"只负责讲,不附带做"等现象不利于创新创业导师团队与大学生创业团队形成长效的合作关系。

第三节 以学生社团为载体的大学生创新创业教育实践

一、创新创业学生社团的内涵和意义

(一)创新创业学生社团的内涵

学生社团是学生以共同愿望和个人兴趣为出发点,按照一定的规章制度自愿组成的定期开展社团活动的群众性学生组织。中华人民共和国教育部高校学生司对其进行了类似的解释,认为高校学生社团是非营利性的群众组织,其成立的前提是学生自愿,目的是实现社团中会员的共同愿望,并按照其章程开展

活动。

近些年，随着高校体制改革与素质教育的不断深入，高校学生社团作为校园文化的重要载体，对大学生的吸引力越来越大，学生社团在大学生成长成才中的地位日益凸显。随着社会对创新创业人才需求的日益增长，涌现出了越来越多以培养大学生创新创业素质为核心的学生社团。

创新创业学生社团是指高校中以创新创业为纽带，按照一定的规章制度自愿组成的，围绕创新创业主题开展系列活动的学生组织。创新创业社团能够充分发挥学生的主体精神，体现成员的自我意识，关注个体在某些方面产生的创新想法，其设定目标是通过社团的建设引导和鼓励社团成员进行自我开拓，实现学生主动参与、主动实践、主动思考、主动探索、主动创造的自主教育过程，从而培养和激发大学生的创新创业意识。

（二）创新创业学生社团的意义

1.有利于营造浓厚的创新创业教育氛围

创新创业教育首先是一种创新意识的培养。只有提高了创新创业的兴趣，增强了创新创业的意识，大学生的价值观念和价值选择才能发生转变。作为校园文化传承与发展的重要载体，学生社团对学生兴趣爱好的培养、求职领域的拓展、综合能力的提升、综合素质的提高等起到了重要作用。尤其是学生社团中的创新创业类社团，可以充分发挥自身的优势和特点，在社团内外广泛宣传与时俱进、开拓创新的精神，配合学校营造积极向上、争优创先的环境与氛围，以更好地提升学生的创新创业热情。

2.有利于创新创业教育理念创新

创新创业教育的关键在于大学生对创新创业活动的认同，但从当前我国高校进行的一系列创新创业教育的现状来看，并未达到这一点。创新创业学生社团一方面是学生以共同的兴趣爱好组成的非营利性群体，另一方面是学校中对创新创业有一定的共识、热情和优势，不同专业和不同年级的学生汇聚而成的集合。作为创新创业学生社团中的一员，不仅能以自身的示范带头作用引领周围其他学生对创新创业的认同，还能集中优势、以点带面，持续扩大高校创新创业教育的影响。

3.有利于提高大学生的综合素质

创新创业学生社团可以为在校大学生开展系统的创新创业教育活动，一方面可以增强大学生的创新创业意识，另一方面可以提高大学生的综合素质及培养其创新创业的必备技能。作为学校课堂教学的补充和延伸，学生社团因其在专业上的交叉融合性、在活动上的丰富实践性、在组织上的规范社会性，从而具备了教育和实践功能。其中，创新创业学生社团是具有共同创新创业兴趣、意愿的学生自觉自愿组成的集体，其自发地组织了一系列创新创业实践活动。这些实践活动无论是对活动的参与者，还是对活动的组织者都起到不同程度的影响，有助于学生形成高度的自觉性、强烈的事业心、紧迫的责任感和较强的管理能力。在综合能力方面，学生社团活动的开展有助于提升学生的领导决策能力、时间管理能力、挫折承受能力等。在创新创业技能方面，学生社团活动也能从一定程度上锻炼学生的团队合作能力、专业研究能力、技术展示能力等。

4.有利于树立公益创业的理念

公益创业，又称社会创业，指的是采用创新的方式或方法解决当前社会的主要问题，采用传统的商业手段创造社会价值而非个人价值。公益创业并不是传统意义上的商业创业，而是一种高层次的创新创业活动，强调的并不仅仅是个人价值，还有在创业的策划和过程中如何更好地兼顾公众利益和社会价值。

公益创业教育就是以公益创业的理念为指导，进行公益创业所需要的意识、精神、知识、能力及相应公益创业实践活动的教育。高校开展创新创业教育，特别是公益创业教育能够帮助大学生树立公益的价值观和奉献的社会利益观，指引在校大学生深入群众、深入社会、深入市场，关注社会现实问题，关心帮助社会弱势群体，增强自身的社会责任感。创新创业学生团体的自发性、自主性、自觉性等特征是公益创业精神和氛围传播的良好群体，有利于在高校中树立公益创新创业的理念，进而大力推动创新创业公益在高校乃至整个社会的开展。

二、创新创业学生社团的分类和特点

（一）创新创业学生社团的分类

以高校创新创业学生社团的功能为依据，可将创新创业学生社团分为以创新创业学习为导向的社团和以整合创新创业科技竞赛为导向的社团。以创新创业学习为导向的社团主要以培养社团成员的学习习惯和提高社团成员的专业技能为目标，通过开展探究性学习，提供各类科技竞赛宣传平台和赛前培训指导来实现其目标。以整合创新创业科技竞赛为导向的社团，则主要协调院校两级的各种创新创业科技竞赛，通过整合科技竞赛组织资源、协调各组之间的冲突等达到既定目标。

以高校创新创业社团会员的情况以及其组织目标的公益性或互益性的区别为依据，可将高校创新创业学生社团分为会员制互益型社团、会员制公益型社团和实体型社会服务社团三大类。其中，会员制互益型社团一般面向一定的成员，收取一定的会费作为加入社团的条件，社团则根据成员的需求提供资源和服务。会员制互益型社团在存续过程中的收益和损失直接由其成员分享和承担，与社团外的人无关。会员制互益型科技社团正是通过各种为成员谋利益的自利性活动来获得生存和发展的空间。

公益型创新创业类社团的目标定位为国家和社会的整体利益，是专门为社会大众或某些特定群体服务的社会团体。目前，我国高校投身于社会服务，定期组织在校学生深入社会，为经济较落后的地区提供科技创新服务，此类创新服务社团的学生各有专长、学以致用，但是此类型的学生社团数量较少，未能很好地开展社会服务工作。实体型社会服务社团则是指有专门服务对象的学生社团组织，其服务对象主要是该高校的特定师生或社会中的某些特定团体，比如高校设立的网络服务队。

（二）创新创业学生社团的特点

1.创新性强

创新是创新创业学生社团的核心，也是这一类社团区别于其他类型社团的重要表现。创新创业学生社团通常以项目、竞赛、课题为依托，学生根据自己的兴趣爱好和学科背景，自主地组成团队。这样的团队通常会涵盖多个年级、多个学科专业，因此更加容易碰撞出创新的火花。

2.实践性强

第一课堂的教学重点在于知识体系和理论基础的学习，相比较之下，创新创业社团则是一个完全由学生自主寻求实践机会的能力培养平台。学生在自身兴趣爱好的驱动下，基于所学基础理论知识，将理论与实践结合，解决一些实际问题，这是非常好的培养实践能力的过程。

3.形式多样

不同于其他类别的社团，创新创业学生社团的活动形式多样。由于参与学生的学科范围广，涉及的内容具有多样性和广泛性，必然会导致内容上存在更多的可能，既可以包括理论研究、模型设计，也可以包括软件编程、实物设计。另外，创新创业学生社团的具体活动载体也有多种形式，如学科竞赛、创新项目、科研项目、创业实践等。

4.有一定的加入门槛

创新创业学生社团不是仅凭兴趣出发，也不像有些社团从事的活动，是简单的体力活动或是机械性、重复性的工作。创新性和实践性的特点决定了创新创业学生社团的参与者需要具备一定的专业基础和学习能力，有持之以恒的毅力，能够勇敢面对困难并解决困难。

5.自主能力强

在创新创业学生社团的活动过程中，学生需要将课堂学习的被动模式转换为提出问题、解决问题的主动模式。学生需要对现状进行总结，然后提出自己的解决方案。在参与的过程中，培养学生的自主学习能力。

6.成效显示度高

首先，在参与科技竞赛、项目课题等活动的过程中，创新创业社团的学生更容易获得一些学术类竞赛的经历和成果。其次，通过这些课题和竞赛，也会相对容易地将成果进行转化，形成一些物质回报或精神激励。这些精神激励与物质回报都是对学生的认可与肯定。

三、创新创业学生社团发展存在的问题

（一）缺乏系统性的规划，存在重复建设的问题

高校的社团管理一般为申报制，列出一定的计划与章程即可申报校级社团或者是院级社团。因此，学校和各个学院均有审批权限，这就导致相似的学生社团有很多。这样的重复性建设不仅会导致资源分流，也会让学生在选择时遇到困难。

（二）缺乏专业的指导

高校的社团管理和指导教师通常是学校团委和学院的教师，而作为创新创业学生社团，大部分活动需要专业教师给予一定的指导。否则，仅由学生自主开展，有可能发展成技术含量偏低的学生社团。

（三）学生参与的持续性不够

许多大学生在入校后对创新创业类活动和学生社团的关注度很高，但在选择时往往带有一定的盲目性。所以，随着参与创新创业社团时间的延长，会出现学生的热情锐减的现象。尽管科技创新活动的成果显示度较高，但是由于入门门槛高、耗费时间长、难度较大等原因，很多学生难以坚持。

（四）创新创业学生社团经费不足

与其他各类社团相比，创新创业学生社团的经费需求相对较高。创新创业学生社团对场地、实验器材等的要求较高。因此，经费的投入是影响和制约创新创业学生社团发展的关键问题。

四、依托学生社团做好大学生创新创业教育的途径

（一）选聘优秀的指导老师，引导学生社团健康持续发展

作为高校创新创业学生社团的指导者和引路人，指导教师具有引导学生社团良性发展的重要作用。指导教师在对创新创业学生社团进行指导的时候，不仅需要具有指导普通学生社团的能力，还需要具有一定的创新创业理论知识，能够进行理论与实践的同步指导。

（二）积极引导，努力实现"社会性企业运作"

所谓"社会性企业运作"，是指以保持高校创新创业学生社团的公益性为前提，以创新方法支撑学生社团的可持续发展，尝试运用有效的企业模式和商业手段，以提高社会公共服务和学生需求满足的效率与效益为关注点的运作模式。也就是说，用社会性企业的运营方式进行学生社团的管理和运作。对高校创新创业学生社团进行社会性企业式的运作，其目的在于产生相应的新型学生社团。学生社团一边组织开展公益活动，一边可进行创新创业实践的模拟。创新创业学生社团通过这种"社会性企业运作"，不仅可以让学生在此过程中积累创新创业的实战经验，还可以进一步提升高校创新创业教育开展的实效性和持续性。

（三）整合资源，广泛开展创新创业主题活动

创新创业学生社团的活动主要围绕创新创业相关主题展开。纵观高校创新创业学生社团自主组织开展的主题活动，主要以创新创业科技竞赛、企划竞赛、科技作品展示等为主。丰富多样的创新创业科技竞赛和主题活动的开展，有利于激发学生的创新创业兴趣，丰富学生的创新创业体验。

（四）营造氛围，举办创新创业大赛

高校应将传统的创新创业课程教育与学生社团活动相结合，举办不同专业的创新创业大赛。为了激发学生的创新创业意识，可以以社团为单位报名参加各类创新创业比赛，以创新创业学生社团为平台，充分发挥社团成员的积极性和主动性。高校创新创业教育可重点对创新创业学生社团成员开展相应的技术培训，以营造一种有利于创新创业学生社团发展的氛围，同时还可帮助学生体验创新创业之艰辛，了解社会需求，找准就业定位。

总的来说，创新创业学生社团为高校进行创新创业教育搭建了很好的平台，有助于营造良好的创新创业环境，开展创新创业主题活动，起到强化高校学生主体地位的作用，将当前社会对创新创业精神及能力的需求真正转化为高校学生的内在需求。创新创业学生社团应坚持以创新创业活动为载体，以提高学生的创新创业能力为核心，充分发挥学生社团的优势，激发学生的创新创业热情，引导学生树立科学的创业观、就业观和成才观。

第四节 以科研项目为抓手的大学生创新创业教育实践

一、大学生科研项目的内涵、功能和意义

（一）大学生科研项目的内涵

所谓科研项目，即开展科学技术研究的一系列独特、复杂并相互关联的活动。从高校角度看，科研项目可分为校外科研项目（项目研究经费来自校外）和校内科研项目（项目研究经费来自校内）两大类。校外科研项目又可分为纵向科研项目和横向科研项目两种。

大学生科研项目则是指大学生在导师的指导下独立完成项目研究的工作，可以是实验或调查等多种研究形式，这又被称为大学生科研训练计划。《教育部、财政部关于"十二五"期间实施"高等学校本科教学质量与教学改革工程"的意见》要求各高校在"十二五"期间实施大学生创新训练计划。该计划是指学生在导师的指导下独立自主地完成项目的研究工作，是高校改革本科生教学模式的重要举措。该计划为学有余力的大学生提供了直接参与科研的机会，让学生以研究和实践的方式学习，提高了学生对知识的理解程度，也通过项目的实施让学生能够更快地进入专业科研的状态。教育部的此项决定旨在通过实施国家级大学生创新创业训练计划，促使高校转变教育观念，改革人才培养模式，强化创新创业能力训练，提高大学生的创新能力和在创新基础上的创业能力，培养适应创新型国家建设需要的高水平创新人才。

大学生创新训练计划将大学生创新实践项目分为三种类型：创新训练项

目、创业训练项目和创业实践项目。其中，创新训练项目强调项目设计研究的过程，训练学生的科研基本功，主要面向全日制本科生或创新团队，探索以项目为载体的研究型学习和个性化培养模式，激发学生学习的主动性、积极性和创造性，培养学生的创新实践能力。创新训练项目具有三个显著特点：

1. 以兴趣驱动

参与计划的学生须学业优秀、学有余力、善于独立思考、实践动手能力强，对科学研究、科技活动或社会实践有着浓厚兴趣，具有一定的创新意识和探索精神，在兴趣驱动和导师指导下可以完成项目开发过程。

2. 突出学生主体性

在导师的指导下，学生自主参与实践创新训练，参与计划的学生自拟题目、自拟方案、自由组队申报、自主管理和完成实验。

3. 注重研究过程

科研训练计划从选题、立项、指导到评审整个过程注重创新性实验项目的实施过程，强调项目实施过程中学生在创新思维和创新实践方面的收获。

科研训练计划是对在校大学生进行教育培养的重要改革措施，但其影响的绝不止于大学生的在校学习阶段，对其走入社会、从事专业工作、开展科技创新活动及职业生涯发展都将产生深远影响。现代化的人才培养理念越来越趋向于人才的能力培养，其实际呈现结果就是对学生科技创新及创业能力的培养，而这些能力的培养若按过去的"理论优先、灌输为主"的教学模式开展，则难以取得实效。科研训练计划作为一种创新的教学模式，必将有利于这一教育目标的实现。

（二）大学生科研项目的功能

科研训练是指用训练的方式使大学生进入科学研究的全过程，在过程中不断明确其根本要求，进一步掌握科学研究的基本方法，是提升学生的问题意识、学以致用的能力、分析问题和解决实际问题的全方位能力的实践活动。经过系统的科研训练，大学生的创新创业素质和能力将会得到很大程度的提高。由于科学研究具有系统性、知识性、探索性的特征，因此对大学生进行科研训练具有以下功能：

1.完善知识结构

受传统教育观念和方法的影响，学生比较重视学习本专业的书本知识，常用的学习方法是反复背诵、做题训练等，接触跨学科知识和交叉学科知识的机会不多，知识深度、广度和精度明显存在缺陷，知识结构不够完善，不能满足社会发展的需要。通过科研实践活动，可以让学生接触本专业的新知识、新技术、新工艺、新材料与新方法，形成比较完善的知识结构，为今后的创新活动奠定扎实的基础。

2.启迪创新意识

创新是产生于主体意识驱动下的自觉行为。在传统教育中，由于缺少科研训练，学生在学术行为上往往表现为人云亦云、亦步亦趋、迷信权威，这对创新主体来说是十分不利的。科研训练可以使大学生产生强烈的创新动机，树立正确的创新目标，充分发挥创新潜力和聪明才智，释放创新激情。学生在科研实践中形成的敢于质疑、勇于挑战、善于超越的创新品质，对启迪创新意识尤为重要。

3.激发创新思维

创新思维是在思维方式和过程中富有独创性且能够产生创新性成果的思维形式。创新思维是整个创新活动智力结构的关键，是创新能力的核心。传统教育模式下，学生以书本为中心，思维僵化的情况亟待改善。科研训练可以培养大学生敏锐的观察力、丰富的想象力，从而激发大学生的创造性思维。

4.拓展创新技能

创新技能指的是创新主体需要具备的有关信息加工与处理能力、动手实操能力、语言表达能力、创新表现能力和及时掌握并运用新技术、新方法的能力。

如今，高校教育还存在着一定的课堂教育体系、课堂教学内容、课堂教学方法等方面的问题和不足，进而导致高校学生创新技能的匮乏。而科研训练则能使高校学生接受海量的资讯，引导学生正确运用其原理和方法，提高实践能力和操作技能，以及语言表达和归纳总结的能力，最终使学生的创新技能得到提升。

5.塑造创新人格

创新活动并不是纯粹的智力活动，还需要以创新情感为动力。只有在智力和创新情感双重因素的作用下，创新才能获得综合效应。长期缺乏创新实践的大学生，难以突破自我意识障碍、情感障碍、认知障碍和动机障碍。科研训练可以帮助大学生树立投身科学研究的远大理想，追求真理的坚定信念，释放创新激情，强化广泛的创新兴趣，克服自卑与胆怯、从众与保守、嫉妒与自负、倦怠与颓废等心理障碍，使大学生形成健全的创新人格。

（三）大学生科研项目的意义

现代社会对大学生培养的质量提出了更高要求，培养大学生的科研能力是现代社会发展的客观需要，也是当今社会对人才发展的需求。作为教学活动的进一步深入，每年一度的大学生创新创业训练计划项目为大学生提供了了解课本外更多专业知识的机会，使学有余力的大学生可以组队或独立完成科研项目。通过完成科研项目的方式，大学生可以对感兴趣的问题展开研究，有效地提升自己对科研工作的兴趣，提高自己的科研水平。所以，加强对大学生创新创业项目的管理是非常有必要的。

二、国内大学生科研项目的发展现状

我国高校自20世纪90年代开始引入本科生科研项目训练计划。其中，清华大学在已有的机械、电子、结构、数学建模大奖赛等学生课外科技活动的基础上，于1995年提出"大学生研究训练计划"，并于1996年开始正式实施。

1998年，浙江大学开始试行"大学生科研训练计划"。随后，一些高校也相继实施了类似的本科生科研项目训练计划，培养大学生的创新精神和创新能力。对国内高校现有的大学生科研项目训练计划进行分析，可以发现国内大学生科研项目训练计划存在以下问题：

（一）未充分调动、发挥学生的主体性

科研项目训练的主体是学生，应在导师的指导下，充分发挥学生的主体积极性，鼓励学生在一定范围内自主地提出问题，并让学生在导师的指导下制定解决方案。而现有的大学生科研项目训练计划存在不同情况：一是"包办型"，教师根据自己研究项目的情况替学生决定课题内容和方向，学生根据教师的研究思路和研究内容进行一些后续工作；二是"被动型"，学生自主进行科学研究，但如果没有管理部门的通知或督促就不会主动与导师联系，这种情况下学生能够得到的指导不多，进步也比较缓慢。

（二）传统的教学模式无法满足学生开展研究性工作的需求

我国高等教育的模式长期以来是以教师为主，采用教师讲授的方式，而非参与互动式的教学模式。传统教学模式下培养的学生普遍带有被动学习理论知识的特点，部分学生将考试分数作为衡量学习能力最重要的标准。传统教育模式下培养的学生，往往缺乏创造性和主动思考的能力。因此，学生在自主进行研究性工作时往往会觉得难以入手。

（三）经费投入不足导致大学生参与科研训练的空间有限

大学生参与科研项目训练除了自主收集资料、提出问题外，还需要一定的实验条件来完成后续的项目计划。而学校投入的科研经费、实验条件都是制约学生参与科研项目效果的因素，部分导师因为缺乏科研经费或者实验室空间有限而无法对本科生进行充分的指导。

（四）管理和激励机制不完善

目前，国内高校开展大学生科研训练计划是依托校、院两级的管理，学校统筹项目的立项与发布，学院进行具体的管理。从学生角度而言，由于学生往往存在课程学习时间紧、任务重，对研究性工作不适应、自我管理能力不足等问题，不能主动地规划好时间进度安排。部分学生在申请科研项目立项之后，会出现因为进度安排不合理而申请退出或无法完成的情况。同时，对科研项目的过程监督也缺乏健全机制。现有的机制通常重视两头，即立项和结题，而忽略了在真正重要的过程中对学生的进展与提升的关注。从导师角度看来，指导学生进行科学研究是一个费时费力的过程，不一定得到具体成果和奖励。由于缺乏对导师的激励机制，真正用心对大学生进行科研指导的教师人数不多，影响了大学生参与科研训练的效果。不完善的管理和激励机制严重影响和制约了大学生科研训练计划的开展。

三、依托科研项目做好大学生创新创业教育的途径

（一）科研思维融入课堂，充分调动学生参与科研项目的积极性

大学生需要在创新创业训练中具备发现问题、提出问题、分析问题、解决问题的能力。由此可见，当前的基础课程应改变传统的以灌输为主的教学方式，并对授课方式进行改革创新。例如，采用启发式的教学方式培养学生发现问题的能力，将教师单一讲授的单向性教学方式转化为学生积极参与、主动互动的双向教育模式，在与教师的交流中激发学生的创新思维。在教学的同时，也应当鼓励低年级学生尽早走进实验室，在近距离参观和学习中了解前沿知识，接触项目执行，从而起到激发学生科研兴趣的目的。

（二）教师全程指导科研训练，充分发挥学生主体作用

以创新项目为载体，学生在教师的指导下探讨解决问题的方法，改变了以教师、教材为中心的传统教学模式。学生能够利用已掌握的专业知识，带着问题去学习，在发现、分析、解决问题的过程中提高学习兴趣。

目前，学生参与科研项目的形式主要有主持各种创新创业项目、实验室开放项目，参与教师主持的科研项目，以及学术论文的撰写等。导师针对学生欠缺的科研思维以及科学选题进行引导，并对科研过程中如何查阅文献、撰写论文等方面进行详细指导，使学生能够完整地了解项目如何申报、研究和总结的全过程。这不仅提高了学生的科研水平、创新能力，而且培养了学生的团队协作精神。以学生主持的科研项目为例，构建"学院—导师—项目组成员（学生）"三位一体的学生科研活动模式，是对学生创新思维和创新能力培养的有效途径之一。高校可以将学院、导师、项目组成员进行划分，设定不同的职责。学院的主要职责是在项目管理上制定相关政策措施和运行机制，支持和激励学生参与科研活动；建立实践创新办公室，以各类科技竞赛、课外科技创新活动、社会实践等为主要载体，给师生提供良好的科研平台；对科研项目的活动过程进行督查。导师负责组建科研团队，为了使项目组成员对该项目有所了解，导师对整个项目的研究背景、技术路线等进行详细介绍，对整个科研团队进行科研基本知识培训；做好对科研团队的指导工作、中期检查和项目完成后的验收工作。项目学生负责人在导师的指导下，先做好选题工作，再对课题小组成员进行工作分工。项目组成员分别负责文献资料收集、课题调查、制定项目的实施方案、项目实施及撰写阶段性的研究成果等，使处在不同水平、不同专业方向的学生都拥有适合自身的锻炼机会。

以大学生科技创新项目为载体的创新创业教育，不仅让学生参与课题研究各个环节的具体工作，而且对提高学生的科研水平、培养学生的科研态度和科研精神都具有重要意义。

（三）分层次引导与重点培养相结合

在对学生进行科研项目训练时，训练的对象从低年级到高年级都有，学生的基础知识储备和实践动手能力参差不齐。学校应根据学生的不同阶段和对知识的掌握程度，分层次、分阶段地设置科研项目，以满足不同层次学生的需求。

1.入门阶段——启蒙训练计划

由学院创新创业中心高年级学生组成教练团队，面向本科一年级学生开展普及性科技创新活动。学生一边接触专业课程，一边通过一些科技动手小项目来了解专业。从本科一年级就尝试实践与理论的结合，有助于学生切实提高动手能力。

2.发展阶段——大学生创新创业训练计划

该计划由学生自主提出某个科技创新题目或由导师提出某个指定题目，学生组队完成。学生需要以团队形式分工合作，完成资料收集整理、问题分析、系统方案设计、实施与分析、总结报告等一系列项目的全过程，在过程中实现对专业知识的应用和自身科技创新能力的提升。

3.高阶阶段——优秀本科生进实验室计划

该计划针对本科三年级以上学生开展，这部分学生专业知识基础良好。学院收集导师名单和研究方向及对学生专业知识方向的具体需求，面向学生发布后，由学生自主申报，导师对学生进行选拔后，确定具体指导的学生。学生进入导师实验室，正式开始科研团队具体课题的学习和研究。这一计划是在入门和发展的基础上，针对有良好学业和实践基础的学生的拔尖高阶训练。

（四）完善管理和激励机制

高校应制定完整的校、院两级本科生科研训练管理办法，建立信息发布平台，专门负责项目发布、组织申报、审批验收、咨询服务、学分管理等具体事务的发布和咨询。同时，建立科学的激励机制，对参与科研活动的导师和学生分别给予一定的奖励。

1. 对学生的奖励

（1）设立科研学分。

（2）精神鼓励与物质奖励结合。鼓励本科生参与各级大学生创新创业训练计划，在奖学金评定中对主持和参加国家级、省级、校级、院级大学生创新创业训练计划项目并完成项目的成员，根据情况给予相应加分。

（3）提供成果展示机会。定期举办大学生科技节、学生论坛等活动，展示大学生科研成果，以激励更多的学生参与。

2. 对导师的奖励

教师对学生的指导直接影响着学生科研项目完成的水平。所以，导师投入的时间和精力多少、是否与项目成员定期沟通等都关系到学生科研能力培养的质量。在教师晋升和工作评估中，将教师指导本科生进行科研训练作为重要参考指标，这一举措将提高教师对指导学生进行科研训练的热情。

经过长时间的实践与探索，以科研项目为牵引的创新创业教育将是连接第一课堂教学与第二课堂课外实践的有效方式。结合学校教学实际情况，开展因地制宜、因材施教的分类别科研项目训练，能够优化创新创业教育手段、完善创新创业教育体系。

第五节 以科技竞赛为引导的大学生创新创业教育实践

一、科技竞赛的内涵及意义

（一）科技竞赛的内涵

科技竞赛是面向大学生的群众性科技活动，是在紧密结合课堂教学又高于课堂教学水平的基础上，以竞赛的方式考查学生某学科基本理论知识掌握程度和解决实际问题的能力。科技竞赛是在国家重大教学改革项目"质量工程"全面实施的背景下推进的竞赛活动，是发现人才、选拔人才、促进大学生成才的有效手段和途径，具有提升大学生实践能力、创新能力、创业技能、团队协作精神的重要作用。

科技竞赛是在不同主体之间进行技术水平高低比较的重要手段。竞赛的目标虽然是技能高低的比较，但是在竞赛的过程中所体现的并非这一单独的目标。在竞赛的过程中，除了基本的技能水平外，参赛选手还必须学会发现问题、设计问题以及解决问题，具备缜密的思维能力。此外，科技竞赛不同于一般的课程学习竞赛，其评价方式与竞赛命题必须与实际操作、程序控制和方案实施有着密切关系，这就要求大学生必须具备较强的科研实践能力。

（二）科技竞赛的意义

1.为大学生践行理论知识提供实践平台

在大学开展数学、电子、自动化、计算机等各类学科竞赛，能够激发大学生主动参与的热情，在教师的指导下选题、分析、设计、制作、完成作品甚至完成论文撰写，这一系列过程的实质就是学生不断探索、不断创新的过程。经历科技竞赛，可以让大学生的独立思考能力、创新思维能力、逻辑判断能力等得到提升。

2.激发大学生的专业学习兴趣

科技竞赛需要以一定的专业知识为基础，同时科技竞赛构建的体验性、专业性、竞技性的平台将会让大学生深入其中，充分发挥大学生自主学习的能力，提高大学生发现问题、解决问题的能力。在竞赛的过程中不断出现问题，需要大学生及时反思自己专业知识的不足和欠缺，及时自学弥补知识不足并解决问题。科技竞赛不仅培养了大学生自主学习的能力，同时也完善了大学生的知识结构，激发和提高了大学生的学习热情和学习兴趣。

3.培养大学生的团队合作精神

科技竞赛均以团队或小组的形式组队参赛，3~5人组成队伍，共同参赛。在竞赛的过程中，队员的团结协作是影响比赛成绩的关键。通过竞赛的较量，可以培养大学生的竞争意识、为团队争光的集体荣誉感，并且在竞赛中通过教育、引导，与其他同学之间不断切磋磨合，锻炼大学生面对挫折的心态及与他人分工合作的协调能力。

4.提升大学生的心理素质

在竞赛中，大学生需要完成查阅资料、分析题目、制订方案、论证选择最佳方案、制作调试作品、撰写论文等一系列任务。而这些任务往往会持续数月甚至数十月，在这个过程中，大学生需要经受挫折的打击和探索的迷茫，需要凭借科学探索的毅力、直面困难的勇气、勤奋求索的恒心才能完成竞赛。因此，竞赛可以锻炼大学生的毅力和耐力。

二、我国科技竞赛的发展现状

相比国外，我国的科技竞赛起步较晚。经历了几十年的发展，我国大学生科技竞赛的学科方向和竞赛种类日益丰富，竞赛的内容和形式也趋于完善。目前，大学生创新创业竞赛种类繁多，学科多样性表现突出，而一些综合性的竞赛活动则需要跨学科的知识积累。以创新创业科技竞赛的关注度、参与度、匹配度为统计要素，按照大学科门类，可以将大学生创新创业科技竞赛分为综合类学科竞赛、理工科类专业竞赛和文科类专业竞赛三大类。

除了国家级层面组织主办的赛事，省级政府部门、学会、协会组织的大学生竞赛，大多数是作为参加全国竞赛的选拔赛而举办，而各高校则根据专业特色、教学需求、人才培养的需求等目的举办各类学科竞赛。这些门类的学科竞赛已成为高校开展第二课堂、提升学生创新创业能力的重要教学实践平台，发挥着越来越重要的作用。

三、依托科技竞赛做好大学生创新创业教育的途径

（一）创建大学生科技竞赛平台

科技竞赛是推动创新人才培养的重要手段之一。为调动教师、学生参与科技竞赛的积极性，同时提高大学生参与科技竞赛的有效性，高校需建立一套比较完整的大学生科技竞赛组织开展实施方案，以便不断提高科技竞赛的参与度、实效性，以全局的高度统筹规划，构建创新人才培养体系。高校常见的做法有以下几种：

1.广泛开展各类科技竞赛

高校有规划地开展电子、机械、计算机等各类科技竞赛，使大学生有机会参与各层次的科技竞赛，让更多的大学生通过科技竞赛在创新能力、实践能力、

意志品质方面得到不断提高和完善。开展科技竞赛的有效模式是互助。在竞赛或者培训中，鼓励高年级的学生帮助低年级的学生，鼓励参加过竞赛的学生带领没有经验的新手参与实践，以此保证科技竞赛能够蓬勃、深入、持久地发展。

2.完善学校人才培养方案

科技竞赛是课内知识的综合运用和延展。想要在科技竞赛中获得良好的成绩，大学生必须具备深厚的理论知识。与之匹配的是高校在课程教学中加以调整、引导，建设竞赛教学团队，开设与竞赛相关的选修课程，不仅可以推广竞赛，还可以为竞赛指导人员培养后备梯队。

3.举办与科技竞赛相关的学术讲座

针对国家级或者省级各类重要的竞赛活动，在竞赛前期举办专题讲座，激发大学生积极投入科技竞赛，同时也能很好地补充大学生在普通课堂教学中没有学习到的一些相关知识、方法、技巧。

（二）建立健全组织管理机制和保障体系

在组织管理机制和保障体系方面，高校要为大学生参与科技竞赛提供必备的组织管理及保障条件。

1.建立大学生科技竞赛的管理机构

为了在大学生中广泛开展科技竞赛，高校应建立稳定的科技竞赛组织管理机构。目前，走在全国创新创业前列的一些高校，普遍依托学校建立的创新（创业）学院，管理在校大学生的创新创业教育。创新（创业）学院的组织机构一般设有常务院长、行政办公室、创新实验基地、各类竞赛领导小组、各类竞赛技术小组等。通过选拔，将有实践能力、科研能力的教师吸纳进创新（创业）学院，并为其提供技术、设备等方面的支持。高校建立组织管理机构可以对大学生参与的科技竞赛进行统筹规划、宣传、协调、培训和组织。此外，大部分高校会依托教务部门、科技部门、学校团委等部门组织开展科技竞赛及相关活动。

2.规范科技竞赛管理并形成激励机制

为了鼓励大学生在科技竞赛中形成创新性成果，同时也为了鼓励教师探索创新人才的培养方法，高校要制定鼓励大学生参加竞赛的管理文件、鼓励教师参与指导竞赛的管理文件、对获奖学生及指导老师的奖励标准、对大学生科研能力的评价标准、对指导老师竞赛培训指导的工作量计算标准等一系列的配套文件和标准。此类文件和标准对学校实施多样化人才培养方案、提高教师实践能力、鼓励教师进行创新人才培养、扩大学校在社会的声誉等都能起到推动作用。

3.建立稳定持久的导师队伍

导师在对大学生进行系统的科技思维与科技方法的训练、创造能力的培养、意志品质的塑造等环节中，都扮演着至关重要的角色。教师是科学知识的传授者、思想的传播者，更是校园精神文化的重要塑造者。教师的行为会对学生产生潜移默化的榜样示范作用，因此，教师首先需要具备科技创新的理念。高校有必要优化导师队伍，打破教学单位的界限，选拔不同年龄阶段、不同研究方向、不同专业特长的教师组成相对稳定、可持续发展的导师队伍，并且注重加强师资培训和各类科技竞赛导师之间的经验交流。

4.创建科技竞赛的实验基地

创新实验基地对高校组织开展科技竞赛有着关键作用。稳定的各类创新实验基地不仅可以为大学生参与科技竞赛提供物质基础、培训条件，还可以扩大大学生的参与面。建立创新实验基地的具体措施一般是依托各学院的专业实验室、创新实验室或者开放实验室等，对校内外的资源进行整合。

5.设立科技竞赛专项基金

开展科技竞赛必须有充足的资金支持，高校应设立科技竞赛的专项基金，可以用于建设创新实验基地、相关实验室、实习基地、竞赛场所、竞赛设施，也可以用于对导师、获奖学生的补贴。

6.建立广泛的宣传平台

创办科技竞赛相关网站,加强微信公众平台等网络新媒体的建设,扩大科技竞赛的宣传面,及时报道相关信息,展示竞赛成果,提供师生沟通交流的平台,同时通过网络的渠道吸引更多人加入创新创业科技竞赛。

第八章 大学生创新创业教育师资建设

第一节 设立分层推进的创新创业教育师资建设框架

创业师资与传统师资在教学技能与知识类型要求上存在根本差异，组建创业师资队伍本质上是一个破旧立新的过程。特殊的创业师资类型框架和目标要求决定了创业师资队伍建设要避免随意性，必须以明确的目标为指导，以一定的理论架构为支撑。

一、形成由企业师资、专业师资和创业辅导员构成的师资结构

高校创新创业教育指的是高校利用课堂内创业课程和课堂外创业活动，培养大学生创业精神和创业技能的教育。实践性与理论性并存是创新创业教育区别于普通教育的典型特征，促进大学生自主创业又是创新创业教育的结果之一。因此，创业师资选拔与培养必须兼顾创业实践、创业理论、创业指导三方面内容，对应师资为企业师资、专业师资与创业辅导员。

二、确立实践型、"双师型"和咨询型的师资培养目标

目前，有关创业师资培养问题的专门研究不多，缺乏前瞻性指导。面对创业学位体系尚未形成的客观现实，创业师资队伍的建设主要依赖引入外部师资和师资培训。

鉴于创新创业教育实践性与理论性的特征，"双师型"教师是能够同时驾驭创新创业教育理论课和实践课的中坚力量，是师资培养的重点目标。"双师型"教师最早出现于职业教育领域。对"双师型"教师内涵首次作出明确规定的是1998年国家教育委员会（今为中华人民共和国教育部）印发的《面向二十一世纪深化职业教育教学改革的原则意见》："要采取教师到企事业单位进行见习和锻炼等措施，使文化课教师了解专业知识，使专业课教师掌握专业技能，提高广大教师特别是中青年教师的实践能力。……要重视教学骨干、专业带头人和'双师型'教师的培养。"1999年，《中共中央、国务院关于深化教育改革全面推进素质教育的决定》中进一步明确指出，必须加快建设兼有教师资格和其他专业技术职务的"双师型"教师队伍。

与职业教育相似，创新创业教育最终要回归创业实践。创业技能培育离不开创业实践经验，急需具备创业实践与创业理论的创业师资。2011年，《教育部关于"十二五"期间加强中等职业学校教师队伍建设的意见》中提出，"双师型"教师占专业教师的比例要达到50%，研究生层次教师比例要逐步提高。2015年，国务院学位委员会决定在教育硕士专业学位授权点中增设"职业技术教育"领域，全国有49所普通本科高校开始试点在加工制造类、交通运输类、信息技术类等18个方向开展职业技术教育领域教育硕士专业学位研究生的培养工作。2018年，第一批职教教育硕士顺利毕业，掀开了我国职业技术教育领域教育硕士高层次"双师型"师范生人才培养工作新局面。至此，我国"双师型"师范生培养体系得以完整建立。

第二节 组建数量充足的高素质师资队伍

一、弥补现存师资缺口

依照教育部《普通本科学校设置暂行规定》的要求：

1.普通本科学校应具有较强的教学、科研力量，专任教师总数一般应使生师比不高于18∶1；兼任教师人数应当不超过本校专任教师总数的1/4。

2.称为学院的在建校初期专任教师总数不少于280人。专任教师中具有研究生学历的教师数占专任教师总数的比例应不低于30%，具有副高级专业技术职务以上的专任教师人数一般应不低于专任教师总数的30%，其中具有正教授职务的专任教师应不少于10人。各门公共必修课程和专业基础必修课程，至少应当分别配备具有副高级专业技术职务以上的专任教师2人；各门专业必修课程，至少应当分别配备具有副高级专业技术职务以上的专任教师1人；每个专业至少配备具有正高级专业技术职务的专任教师1人。

3.称为大学的专任教师中具有研究生学位的人员比例一般应达到50%以上，其中具有博士学位的专任教师占专任教师总数的比例一般应达到20%以上；具有高级专业技术职务的专任教师数一般应不低于400人，其中具有正教授职务的专任教师一般应不低于100人。

师资需求数量由受教人群决定。根据全校性创业教育的发展计划中对师生比例的最低要求以及高校在校生现有人数需求、创业师资的发展能力等因素，目前我国创业教育的师资缺口较大。

二、建立高校创新创业教育协调机制

加强创新创业教育管理是高校全面推进创新创业教育不可或缺的要素，更是创新创业教育制度化建设的一个重要标准。我国高校创新创业师资缺口大、质量差，存在师资管理混乱现象。扩建创新创业师资队伍、提升创新创业师资质量的首要任务就是完善创新创业教育协调机制。借鉴国外已有经验，着力加强管理和顶层设计，将创新创业教育规划融入高校整体发展战略中，提出明确的创新创业师资队伍建设计划。

高校要组建有效的创新创业教育管理委员会等协调机构，统筹全校创新创业教育师资队伍的管理；全面指导创业课程、创业教育项目、创业竞赛、创业训练营及各种类型创业活动的开展等。此外，高校还要成立创新创业教育咨询委员会，着力解决创新创业教育实施过程中遇到的师资聘用、师资企业挂职、创业资金运用等实际问题。

三、制定兼顾理论与实践的师资筛选标准

创新创业教育在本质上是一种素质教育，具有普适性。素质教育包括提升学生的创新精神和实践能力两大核心，与创新创业教育培养具有首创精神和创业能力的学生的目标是一致的。创新创业教育反映了素质教育的核心与重点。高校开展创新创业教育的目的不只是帮助学生走上独立创业或自谋生计的道路，更重要的是帮助学生将创业精神和能力应用到各项工作与活动中，以适应瞬息万变的社会。

素质教育理念下的创新创业教育，要以创业理论知识为基础，以创业实践知识为重心，要求教师具备先进的创业教学理念和实践导向的教学素养。在师资选拔上，要避免过去单纯以高学历、高职称为选择标准，树立以教师素质与创业人才培养相契合的选聘导向，防止将"纯粹知识教学"的教育痼疾带入创

新创业教育。

四、建立灵活有效的兼职师资选聘制度

建立灵活的企业师资选聘制度，提升企业师资的参与力度和质量，对专业需求、教学任务、薪金制度、项目参与需求、企业师资与专业师资合作等作出合理安排。企业师资选聘应兼顾创业教学不同层面的需求。

第一个层面是学校层面的创业通识课程，应采用以校内辅导员为主、兼职教师为辅的师资组成结构。每门课程选配一位或数位能够担任短期课时的兼职教师，采用讲座、专题讨论的方式开展创业教学，作为入门创业知识的补充。

第二个层面是学院层面的创业融合课程，应采用专业教师与兼职教师一对一的协作模式，选聘能够担任半个学期或一个学期时长的校外兼职教师，与专业教师共同授课，结合理论与实践提供系统的创业课程。

第三个层面是专业层面的创业课程，应采用兼职教师独立教学的组织方式。根据创业课程人才培养的需要设立专门的创业课，选聘创业学领域的专家，专门开设一门或数门相关的创业课程。

高校要着力完善企业师资选聘制度，根据三个层面课程的不同需求，真正将校外兼职教师融入创业教学中来，改变过去蜻蜓点水式的教学辅助，真正对学生的创业实践进行有效的指导。

第三节 形成科学合理的师资结构

一、组建结构科学合理的教师队伍

创业师资由企业师资、专业师资和创业辅导员三类人员组成。各高校应根据国家规定以及实际开设课程的教学需求，建设师资规模与结构合理的教师队伍。

鉴于现阶段创业师资较为匮乏的现状，在实际操作中，一方面，高校要坚守师资选择标准的原则底线，扩大师资选择的范围，不拘一格地选拔人才，形成稳定的校内教师队伍；另一方面，高校应开辟优秀师资的绿色通道，广泛吸引海内外创业学专家投入大学生创新创业教育。同时，高校还应与当地产业相结合，吸引成功的企业家、风险投资商、律师、政府官员等不同领域的人才系统地参与大学生创新创业教育，并根据教学层次的需求建立结构合理的教师队伍。

二、统筹优化高校现有师资

院系壁垒成为阻碍高校创业师资相互沟通的主要障碍。各高校可以结合现实需要，参照三个层次的创业课程设置，开展不同层次的创新创业教育，打破学院的制约，重新整合师资力量，形成通识教学、融合课程教学、创业学教学三种不同的教学模块。通过大学生创新创业教育课程体系的构建，将创业师资组合成密切联系的教师网络。

根据实际创业过程，形成不同的师资合作模式。第一，组建"一主多翼"的师资团队。此类型师资团队以一次完整的创业项目或创业活动为依托，能够满足整个创业过程需求，由不同专业的专家构成师资队伍。推举一位贤才作为统筹者，组织相关教学活动的讨论、教学内容的选择，制定阶段性的发展目标。第二，根据创业不同阶段或专业领域的需求组建师资队伍。高校可以将不同领域的专家根据创业不同阶段或专业领域的需求，形成特定的师资队伍。学生可以根据自身能力与创业发展需求，选择相应的师资进行咨询。

统筹优化高校现有的师资资源，形成不同形式的师资团队合作方式，最终目的在于充分发挥每一位成员的优势，更好地为大学生创新创业教育服务。

三、制定科学的高校教师协作教学制度

大量引入高校外部兼职教师是我国创新创业教育发展的现实需求。专业师资主要依赖校内师资，师资队伍稳定，而企业师资则主要依赖高校外部企业人士的引进，流动性大。随着"全校性创业教育"理念的推广，专业教师的人数大幅度增加，而且不同课时长度的兼职教师也使得师资管理工作变得更为烦琐。在此情况下，若没有完善的师资衔接制度作为保障，一旦出现教师离职的状况，则必定导致师资链条断裂，导致教育教学的整体性被破坏。为此，高校必须在创新创业教育管理部门的统筹规划下，在紧密联系社会、主动挖掘不同领域优秀人才的同时，建立严密的师资衔接制度，做好短期、长期师资聘任规划，与应聘师资保持密切联系。

四、完善现有创业师资激励机制

忽视"以人为本"的师资管理模式，将会导致选人、用人、育人和留人各

环节衔接的断裂。在创业师资管理方面，高校应明确树立"以教师为本"的管理理念，确保教师在创业教学中的主人翁地位，帮助教师树立正确的创新创业教育价值观，认识到创新创业教育对教师自身和学生成长的重要作用，建立能够促进教师个体发展的激励机制。

具体到实际操作层面，高校要努力将教师的个人发展目标与创业教学发展目标相统一，引导教师根据学校创新创业教育发展的定位和实践型人才培养需求组织开展教学活动，对教师在科研、教学、实践等不同领域取得的成绩给予科学的评价和合理的回报，努力实现管理方式从压力传递向内在激励转变。

高校可以成立创业师资发展基金，奖励在创业课程建设、教学方法革新、创业实践及创业研究等领域取得显著成绩的教师；制定符合教师劳动投入的薪酬制度，落实创业师资的工资、福利等各项政策，切实保障创业师资的利益。

第四节 建立形式多样的高校师资培养体系

一、加大创业学学位体系建设力度

高质量创业师资短缺已经成为阻碍我国高校创新创业教育发展的主要瓶颈。短期速成的创业师资培训既不能达到较高的质量标准，也无法满足不断增长的创新创业教育师资需求。解决这一问题的根本在于构建系统的创业学学位体系。高校通过创业学学位体系培育大批创业师资，提高创业师资的素养，达到提升创新创业教育质量的目标。

创业学学科的发展和学位的设立，不仅有利于吸引优秀的企业管理人才加入创业研究的队伍，提高创业研究的质量与效果，还有助于创业师资的长期发展，形成师资供给的良性循环。近年来，我国在创业学学位体系建设方面已经取得了初步成效，有的高校已经设立了本科阶段的创业学学位，甚至出现了创业学硕士和博士学位，但现有的教育资源远远无法满足创新创业教育的教学需求，需要继续加大创业学学位体系建设力度。因此，有条件的高校必须加强创业学学位建设，有计划、有步骤地开发创业课程，逐步建立完整的创业学学士、硕士、博士学位培养体系。

二、加大"双师型"创业师资培养力度

若要加大"双师型"创业师资培养力度，必须保障充足的培训资金和合理的师资培训平台。各高校应设立专门的创业师资培训基金，吸引资金赞助，以"产学研"为依托，将高校的知识优势与企业的实际操作优势相结合，制定校企合作师资培训计划。培训内容要以企业管理、项目运营、危机处理为核心，强调师资的创业感受与体验，提升师资的创业认知。此外，高校还应制定"双师型"职称认证制度，积极引入具备"双师型"条件的创业人才。"双师型"创业师资的培养应坚持以下原则：

（1）尊重师资职业发展意愿的原则。
（2）师资专业领域与企业领域相匹配原则。
（3）兼顾高校与企业双方利益原则。
（4）理论与实践相协调原则。

三、推进创业师资培训工作

高校在经过多年的创新创业教育发展历程后，已经积累了相当多的师资培训经验，形成了一定数量的优秀创新创业教育团队和创新创业研究团队。未来，高校可以尝试将市场竞争机制引入高校创业师资培训，增强高校在师资培训方

面的主动性，提供多样化的培养方案。培训过程要着重采用体验式、活动式的培训方法，在改善教师创业知识结构的同时，提升教师的创业能力。

有条件的高校应当有目的地选拔部分优秀教师参与国际上声誉较好的师资培训项目，学习先进的创新创业教育理论，了解国际创新创业教育的前沿动态。此外，高校还应鼓励教师参与创新创业教育国际交流活动，与世界顶尖学者沟通，学习国外的先进做法，促进高校创新创业教育理念和方法的发展。

四、构建创业教育学习平台

构建创业教育学习平台，加强经验交流与资源共享。尝试在区域层面建立统一的创业教育网络虚拟平台，鼓励各高校潜心学习、研究和借鉴各种培养模式，拓宽创新创业教育师资培养渠道。

第五节 组建适应区域发展的创业师资队伍

一、适应区域发展的创业师资培养导向

金融危机之后，世界产业格局体现出两大特征：一是国际产业转移向纵深进行；二是新兴产业的重要性日益凸显。区域产业结构变化势必引起经济发展重心转移，必然需要创业者对社会环境的变化保持高度敏感。创业师资培养必须考虑区域未来市场发展需求，调整"双师型"创业师资的培育重点，尤其要注重结合各地区重点发展产业带的产业需求。

二、利用区域企业优势选聘企业师资

各高校要充分利用区域优势，尤其要结合不同区域的企业优势选聘企业师资。高校要充分利用区域企业所能提供的企业家优势，采取多种措施，吸引企业家参与创业教学活动。在高校与企业之间建立长期的、制度化的合作机制，力求在师资训练、专业互助、产业转化、资金、创业咨询等方面达成共识。重点强调学术型教师参与挂职，深入高新技术企业体验创业过程，研究创业案例，提高创业能力。

三、利用产业集群开展师资培训

产业集群是一组在地理上靠近的相互联系的公司关联机构，它们同处于一个特定的产业领域，由于具有共性和互补性而联系在一起。其主要特征表现为两点：一是相关产业在空间上高度聚集，形成网络化的空间联系；二是集群内核心产业与辅助产业相互促进、学习、竞争与合作的经济功能相联系。

产业集群的产生为创业师资培育带来了极大便利。一方面，各产业呈块状分布，高校教师可以依据产业分布，划分不同专业的师资培训模块，提升不同专业师资培训的区分度；另一方面，产业集群的集聚标志着相同企业专家的集聚，企业家资源的集聚标志着知识集聚，为同类师资培训提供知识与技术支持。

我国不乏结构完善、资源充足的产业集群，政府和高校可以充分发挥其在创业师资培训中的统领作用，分专业、分模块、分区域开展创业师资培训。

参 考 文 献

[1]钱光亚.学科竞赛视角下经管类专业大学生创新创业能力培养的探索与实践[J].湖北开放职业学院学报,2021,34(24):16-18.

[2]任校莉.大学生创新创业劳动融合机制研究[J].产业创新研究,2021(24):157-159.

[3]顾宇蓉."互联网+"时代大学生创新创业外部环境影响因素与对策分析[J].农村经济与科技,2020,31(24):273-275.

[4]王仰玲,余婧雯.高校科技产业园在大学生创新创业教育中的应用及对策[J].新西部,2020(Z7):105-107.

[5]郁清清,舒威.校企合作新模式下大学生创新创业教育探索[J].安徽电子信息职业技术学院学报,2020,19(06):90-93.

[6]于文林,李慧清,曾准.不同培养模式对大学生创业意愿的影响研究[J].科技创业月刊,2022,35(12):122-125.

[7]郭晶,刘瑞霞,张克英.新时代高校创新创业教育体系构建研究[J].创新创业理论研究与实践,2022,5(24):93-96.

[8]蒋达华,费华,刘玉兰等.基于进阶式项目团队的大学生创新创业教育模式研究[J].创新创业理论研究与实践,2022,5(24):114-116+145.

[9]盛振文.基于"互联网+"大学生创新创业大赛的高校创新创业教育改革探索[J].中国大学生就业,2022(24):18-23.

[10]陈慧,林澄,王心怡等.基于创新创业训练计划项目的大学生创新能力培养模式[J].农业工程,2022,12(12):118-121.

[11]葛婧茹,李佳良,杨汀钰.核心素养视角下大学生创新创业能力培育现状及对策[J].传媒与艺术研究,2019(01):142-149.

[12]程皓.高职院校大学生创新创业教育管理体系构建研究[J].连云港职业技术学院学报,2019,32(04):72-74.